本屋は、ちょっとだけ背伸びをする場所です。
話題の小説と一緒に難しい古典を手に取ったり、
雑誌とマンガの間に大人向けの本をはさんだり。
いまは手が届かないかもしれない一冊を買って、
自分の本棚に並べてみると、ほんの少し高いところに立った気がします。
そうして本屋は、人々の心に、好奇心の火を灯しているのだと思います。

ちょっとだけ背伸びをして本屋を始めたい人と読書が好きな人のために、この本を書きま
『街灯りとしての本屋』は、本屋の歴史を語るものでもなく、
未来の姿を描くものでもありません。
小さな個人書店が増えているいまの時代に生成しつつある、
本屋に魅せられた人々の物語を紹介するものです。

11書店に聞く、
お店のはじめ方・つづけ方

著 田中佳祐
構成 竹田信弥

街灯りとしての本屋

雷鳥社

Bookstores As Citylight

Interview with eleven Bookstores
'*How Started Here ?*'

KEISUKE TANAKA

CONTENTS

第一章　街灯りとしての本屋

コラム

第二章　本屋の始め方

MIKAMI

第一章

街灯りとしての本屋

えほん
なずな
えほんや なずな
TOSCA
OFFICE
福音館書店
出入口
LINE@
えほんや なずな

茨城・つくば

えほんやなずな

藤田一美

Kazumi Fujita

見守る人々が作る、えほんやなずな

小さな人たちに向けた絵本屋が、茨城県のつくばにあります。

絵本専門店と聞くと、特定のお店が思い浮かぶかもしれません。充実した品揃えの有名店、カフェ併設の絵本ブックカフェ。それぞれ、個性があると思いますが、えほんやなずなの特徴を一言で伝えるのは難しく、例えるならば「なかよしのご近所さんの家」のようなお店です。

あなたが赤ちゃんを連れてお店に入ったなら、店主のいちみさんがすぐに出迎えて赤ちゃんを抱っこしてくれることでしょう。お母さんがホッと一息つける場所を、えほんやなずなでは大切にしています。

小さな絵本屋を始めた、いちみさんと彼女の思いに惹かれて集まった地域のおかあさんに、助け合いながらお店を作ることについてお話しをうかがいました。

本屋のある街で人が育つ

「その絵本はどこで買えますか？」

この言葉が、いちみさんが本屋をはじめるキッカケとなりました。絵本講師として活動している時、とある若いお母さんから受けた質問です。

「私が子育てしていた時にはつくばの街にも本屋さんが多くて、絵本も子ども向けの本も読み放題だった。でも、今はそういう環境がないんやなと実感しました。これは子どもの文化が脅かされている。それにともなって、大人の文化も脅かされてるんじゃないかという危機感をもちました」

つくばには、１９９０年代まで本屋が多くありました。大学近くに古書店が何件もあり、大きな書店も六店以上、自転車を使えばすぐに本屋が見つかります。いちみさんは本屋が身近な街で、子育てをしていました。そんなつくばから転勤で六年離れ、戻ってみると街から本屋が少なくなっていることに気がつきます。

「子どもたちのための場所や子育てを安心してできる活動に関心があったので、その思いと本屋がなくなるのは寂しいと感じたことが重なって、本屋をやろうと決めました。自分が子育てをしている時、親子で演劇とか芸術を一緒に体験して文化を楽しむ〈つくば子ども劇場〉の活動に関わっていたんです。ここに集まっているみんなも、その活動で出会った人が多いです。

最初は、自転車に絵本を積んで公園をまわる行商本屋を考えてました。本や自転車の置き場とか営業の形態を考えると実際には難しいなあとなって、悩んでいたら、ある日〈つくば子ども劇場〉の近くにあったバイオリン教室が空き家になっていたんです。

一緒に活動していたメンバーには信頼できる人たちが集まっていたから、『手伝って』と言えば手を貸してもらえるんじゃないかと思って、『本屋をやろうと思ってるんやけど』と色々な人に話しました。誰からも反対されず、つれあいに相談したら『ええんちゃう』って言ってくれたので店をもつ決心をしました」

人をまき込み、みんなで楽しむ

えほんやなずなは、地域のおかあさんたちが店に立ち、絵本の読み聞かせ会を行い、出張イベントなどにも協力しています。開店前からみんなで作戦会議をして、お店の方針やイベントを決めました。絵本屋をやるなら「お話会」と「絵本イベント」をいれたいとアイディアを出したのも、おかあさんたちです。

「〈つくば子ども劇場〉の活動があったので、ずっと子どもに関わることが私にとって身近でした。

私の後に続く人たちに、楽しく子育てしてほしいと思ったんです。ここにいるみんなは、絵本屋を通して安心して子育てできる環境を作りたいという気持ちに共感して、力を貸してくれてるんじゃないかなと思います」

えほんやなずなを一緒に作り上げているメンバーは、教師経験のある方や子育てをキッカケに絵本が好きになった方など。みなさんの役割は店番やイベント企画運営、仕入れる絵本の選書、情報収集など様々。参加のキッカケや活動について教えてくれました。

「わたしはいちみさんの活動を知って参加するようになりました。以前に国語科教師をしていたり、学校に本を紹介する活動をしたりしていたのでお話し会を手

ながぐつをはいたねこ
Le Chat Botté
ペロー
堀内誠一
童心社

伝っています。なずなのお話し会は、申込不要の無料で行っています。絵本の読み聞かせが中心です」

「ワタシは、いちみさんと仲良しの方に誘われてここにいます。昔から本が好きで、幼い頃から地元の本屋に通っていました。今は、そんな本屋も少なくなっています。わたしたちはなずなのお手伝いとして交代で店番をしたり、近所の小学校へ地域の夏祭りの出し物で紙芝居を演じています」

どうやって本屋を始めるのか？

今では様々な人と力を合わせながら、実店舗を運営しているいちみさん。店を始める前には、本屋になりたい人が参加する講座で知識を身につけていきました。

「アイディアだけでは本屋はできないので、本屋の先輩や出版関係者の話が聞ける講座に参加しました。一番印象に残ったのは、本の仕入れの話です。新刊を扱う本屋は取次という本の問屋から仕入れることが一般的ですが、大きな取次と取引するには最初に保証金が必要でハードルが高いんです。取次の大阪屋栗田さんに小規模でもできる具体的な仕入れ方法を教えてもらえて、これなら私でもいけるんちゃうかと。〈子どもの文化普及協会〉という小中規模の取次が、大量取引ではない場合でも、本を仕入れられるような仕組みを作っていることを教えてもらいました。

本屋本もいくつか読んでいます。『本屋、はじめました—新刊書店Title開業の記録』（苦楽堂）は、収支の予想などが書いてあり参考になりました。

本屋の知識だけじゃなく〝店をもって商売する〟ということを、地元商工会で勉強しました。税金や自治体の補助金の話など実用的なことを聞くだけでなく、実際の商売をやっている人たちと話し合いながら自分のアイディアを練り上げるんです。

一人でやるのはしんどいとわかってたから、周りの人に助けを求めて開店することができました」

まるで新しい家族ができたみたい

えほんやなずなには多くの親子が訪れます。いちみさんたちに、印象的なお客さんについて聞きました。

「開店準備をしている時に、個人ブログにコメントをもらったんですね。生後四ヶ月のお子さんをもつお母さんから『本屋さんができると知りました。嬉しいです』と。その方がオープンしたら足しげく通ってくれて、今も毎月来てくれるんです。赤ちゃんだったお子さんは二歳になっておしゃべりもして、自分で好きな本を選ぶようになりました。お店を始めて、顔見知りになって、その子の成長が見られたのはとても良かったなと思います。外孫が一人増えたみたい」

「いちみさんと一緒にお店に立っていて、私が嬉しかったことは、たいへんそうなお母さんが絵本を買っていってくれた時です。その方は小さいお子さんが二人いて、子育て生活にほとほと疲れて、毎晩お酒を飲んでいたそうです。そんなお話しを聞いた後『わたし、この絵が好き』と絵本を手に取ってくれました。

しばらくしてから、もう一度店に来てくれて次の本を選びに来てくれたんですよ。お母さんに声をかけたら『あの本を買って良かった！　この前買った絵本のおかげで、うれしいことにお酒を飲まずにすんでいる』なんて言ってくれて、同じ作家の別の絵本を購入されました。思いがけない絵本の効用に、私たちも驚くやら嬉しいやらでした」

絵本は土台を作るためのもの

絵本専門店として、絵本と子育てについて、みなさんは日頃からお店に訪れる人々と対話しながら考えています。絵本は親子にとって、どんな意味をもつのでしょうか。

「私たちの店では、絵本を扱っていますけど、それに限らず〝親子で、一緒に体験しながら子育てする〟ということをみんなに伝えていきたいと思っています。

絵本を、知育の教材として求めている人が多いです。歯磨きができるようにとか、好き嫌いがなくなるようにとか、しつけや生活習慣を身につけることを絵本で学ばせたいと考えているんだと思います。けれども、本を好きになってもらえれば自ずとそういう知識は身についてくるし、生活習慣は本で学ぶんじゃなくて、日々周囲の人たちから得るもの。知育の教材としての

えほんのおみくじ
きょうのうんせい と
ラッキーブック が わかります

えほん なずな
TOSCA

本というのは後からで、まずは心の安定を、そして、土台を作ることが大切です。

土台が安定していれば、上に乗せるものはグラグラしません。土台がガタガタだったら、コロコロと転がってしまう。どんな知識や経験を置いても揺るがない土台が大事でしょ。

今が幸せだったら、振り返っても幸せだから、今、心を耕せる本をじっくり読むことを勧めています。ここに来る小さい人たちは土台を作る時期だから。

そうやって、知育の目的だけじゃなく絵本で子育てをするというのをもっとわかってもらいたい。特別なことじゃないのよ、と知ってもらいたいです。

絵本は万能じゃないので、お子さんによっては嫌、という子も中にはいる。絶対にみんな絵本が好き、というわけではないですよね。そういう人に対しても、親子で絵本だけじゃなくて一緒に何かすることで育つのよということを伝えていきたいです」

これから本屋を始める人たちへ

「やろうと思えば、なんぼでもやりようはある。自分で思いついたらやってみないと、計画だけではだめですね。ええんちゃうと言ってくれる人がいれば、どんな感じでもできるんちゃうかな。

絵本屋をやるなら、小学校の近くに作ってほしい。全国の小学校区に必ず一つ本屋があればいいのに、と思ってます。子どもたちが簡単に行ける場所にあったらいいですね、そんなところがあれば私も行きたい。

なずなではお母さんたちにリラックスして、絵本をゆっくり見てもらいたいと思っています。ベビーベッドがあるので、赤ちゃんは私たちが子守りをしながら、お母さんは手ぶらで過ごしてもらえます。のんびりここで過ごして、絵本を選んでもらって、できれば買ってほしいけど、買ってくれなくてもいいです。ちょっと休みに来てもらえれば。

そうやって、店を続けて、もし何かの事情で閉めなあかんようになってもみんなに愛されているお店になりたいですね。つくばで三十五年間愛されてた友朋堂さんみたいに」

[Shop Information]

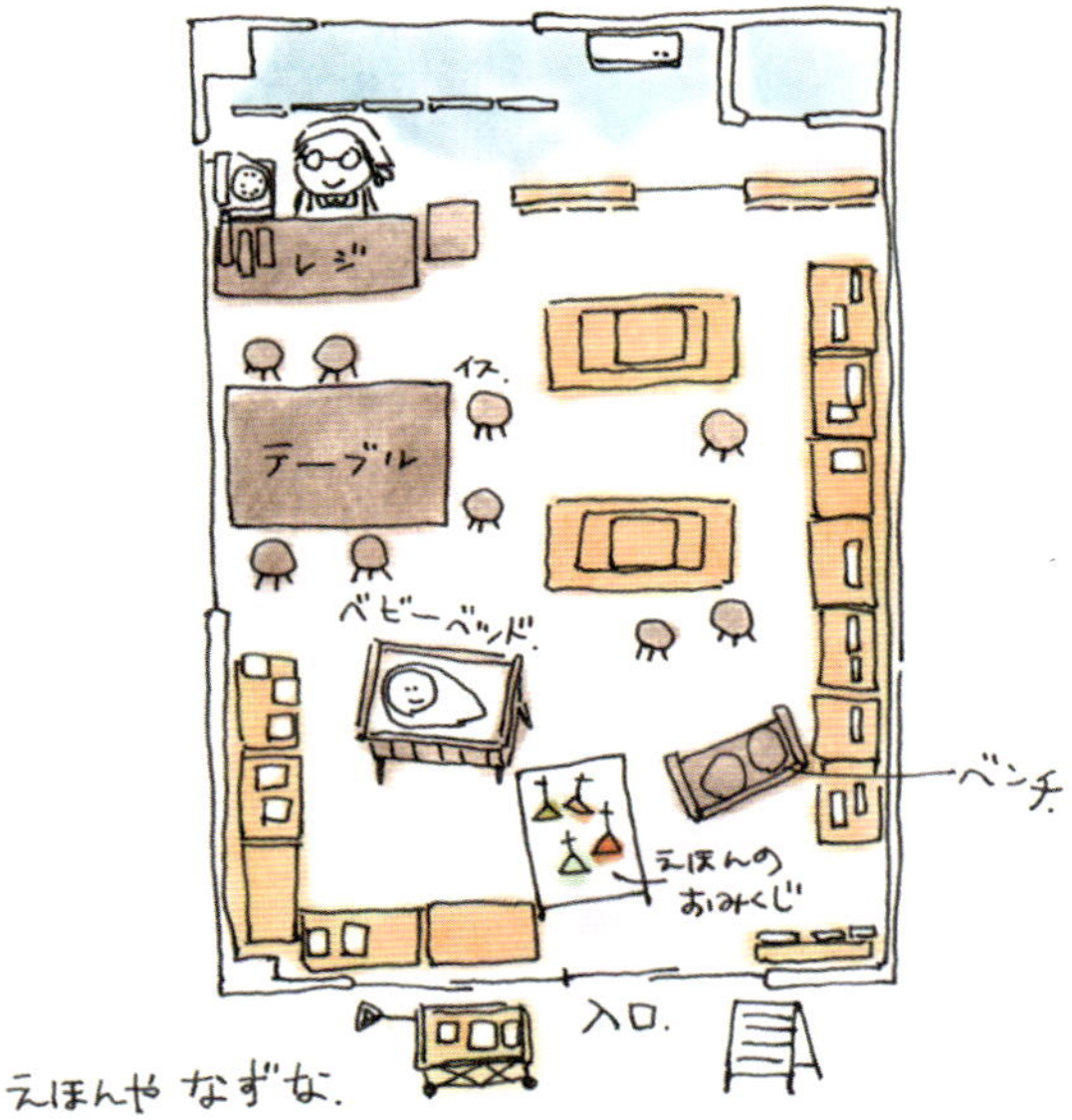

店名	えほんや なずな
店主	藤田一美（ふじた　かずみ）
住所	茨城県つくば市竹園2-4-10 村田ビル105
最寄駅	つくば
HP	https://twitter.com/298nazuna
営業時間	火木土11-17時　金13-17時
定休日	日曜、月曜、水曜
店舗面積	約39.6平米
開店日	2016年10月22日
ジャンル	新刊絵本／中古本／絵本で子育て おはなしかい
蔵書数	約3000冊

高松徳雄

Norio Takamatsu

東京・下北沢

クラリスブックス

古本と自由に生きる、クラリスブックス

「一つ言えることは、本を扱いたいということです。文庫でも雑誌でもいいんですが、とにかく本という形が好きなんですね。このお店は、見る本と読む本で棚を分けています。いずれにしても本。最終的にぶれないところは、そこかもしれないですね」

一つのお店が、町の風景に溶け込み、当たり前の存在になるまでどれほどの時間が必要なのでしょうか。

街の人々に「あの本屋さん」と呼んでもらえるようになる、あるいは「○○駅の本屋さん」と記憶の片隅に置いてもらえるようになることが、自分のお店をもつ人の一つの目標になるのかもしれません。

変化の激しい街、下北沢の駅前から少し離れ、坂を下ると先にビルが見えてきます。ビルの二階の窓には本がぎっしり。近づいていくと建物の入り口にクラリスブックスの看板。かすかに感じる古本の匂いを頼りにビルの階段をのぼるとお店に入ることができます。レジ奥の壁には映画のポスター、その前で店主の高松さんが値付けをしています。

古本屋の集まる神保町から、独立。

高松さんは三十歳の時から、神保町の古書店で働いていました。勤めて十年経った、四十歳になろうという年に独立する決意をします。もともと、自分のお店をもちたいという思いがあった高松さんは、同じ職場に勤めていた二人と一緒に新しい本屋を立ち上げたのです。

「この店をやっているのは、基本的にはわたし高松と石村の二人です。石村は前の職場の先輩で、とっても文学に詳しい。あとライターの石鍋。石鍋は、一週間に一回くらい来て美術系の本の値付けをしています。最初は一人でやろうとしたんだけど、他の古本屋さんの苦労を聞いてたからそれは厳しいと思いなおしました。

古書店員が独立するとバイトを雇うんですよ。でも、仕入れをバイトに任せるのは難しい。買取のお客さんが本を持ち込んできた時に『全部で一万円です』とかバイトが買っちゃって、これ一万円で買ったのかい！　これ百円で高いよ！　ってなると困っちゃう。逆に、これ百円で

California
STATE LINE
BLACK SWALLOW
SO-CAL
66
CLARIS BOOKS
BOOKS
CLARIS BOOKS
GALLERY
HANA
SHIMOKITAZAWA
←2F
本

華麗な夢の世界
万華鏡
KALEIDOSCOPE

買っちゃったの！　ということもありえる。適正価格というのがあるから。自分が仕入れで外に出ている時に、買い取れないとか店を閉めるとか、できるだけしたくなかったから、詳しく本を知っている人が一緒にやってくれるのは助かります」

自由な古本屋と象徴としての一冊

高松さんは、古本屋の面白さは値付けだと言います。新刊書店と古本屋の大きな違いは仕入れにあり、古本屋が商品を手に入れる時にはいくつか手段があります。お客さんからの「買取」や他店から買ってくる「せどり」、古書組合という組織に加入すると参加できる「古書市場」での売買など、新刊書店に比べて、仕入れの手段は様々です。また、新刊の書籍は基本的には「再販制」が適応されていて、版元が決めた値段で売らなくてはなりませんが、古本には決まった値段がありませんから自分で決めることができます。

「値付けは永遠のテーマというか、最も難しい仕事の一つ。古本屋は結局、いくらで売ってもいいんですよ。店のカラーに関わってくるとこだよね。値段を自由に変えられるからこそ、古本やっているわけだから。百円でもいい、これは良い本だと思うなら五千円つけてもいい。

古本屋はとても自由。でも自由な反面、考えがないとだめだと思います。ただ私はそんなに考えがあるわけじゃなくて、そうすると何が起こるかというと単純に店主の色が出る。そこが商売と合えばいいんだけれども、合わない時はどうしたらいいのかなということを考えなくちゃいけない」

高松さんに「自分のお店をもってから、初めて売れた本を覚えてますか？」という質問をすると意外な答えが返ってきました。

「売れた本は覚えてないけど、時代小説は全然売れないっていうのは印象的かな。司馬遼太郎とか藤沢周平とか、やっぱり古本として入ってくるんですよ。一冊だけ売れたのは覚えているけど、それ以降ぜんぜん売れない。神保町だったら三百円ですぐに売れるようなやつが、下北沢だと百円でも売れない……。

店に出さないで古書市で売れればいいんだけど、次こそはと思って出してもやっぱり売れないんだよね。

逆に売れてほしくないというか、とっておきの本というと、『ナグ・ハマディ文書』とかグノーシス派の本が好きで頑張って置くんだけどすぐ売れちゃう。これは売らずに、お店の飾り、名刺代わりに置いといても良かったかな。こういう、とっておきの本があると店の色が出るわけだから」

パンを片手に読書会を

クラリスブックスが夕方で閉店になる日が時々あります。閉店後の店内で、本好きが集まり読書会が行われているのです。

本来、読書は自分一人だけのものですが、読書会では同じ本を読んだ誰かと話し合うことができます。

クラリスブックスでは、近くのパン屋さんが用意してくれた美味しいパンが、読書会のおともとして準備されています。参加者は和やかな雰囲気で、お互いの感想を話し合っていました。

「読書会でいろんな意見が出るというのは面白い。それほどコミュニティーづくりには関心がなくて、本を読みたいからやっています。何回もやっていると面白い人がたくさん来てくれて。ドストエフスキーの『悪霊』を十回読んだという人が参加してくれたこともありました。若い人だったんだけど本当につわものって感じ。最初は少人数だったんだけど、カミュの『異邦人』をやった時に初めて満員になりました。

カミュの作品は、小説だけど哲学的な解釈もできる、話の広がりがすごい。やっぱり古典的な作品の方が、深い話ができる気がします。

最近の作品は時代性や地域性があって、それを深めて考えることはできるんだけれども『マクベス』のような古典を読むと話がとめどなく繋がって、脱線していく。バランスを上手くとるのは難しいんだけど、面白いんだよね。シェイクスピアは、まさか21世紀の日本人が読むとは思っていないでしょ。でもやっぱり四百年読まれているような本だから世代を超えて、場所を通り越しても魅力がある。

自分の本屋をやってて、すごい視野が広がったっていう感じがあった。読書会をやっているっていうのも大きいけれども、それだけじゃなくて、店内で流している音楽にお客さんが『映画のあれですか』っていうような声をかけてくれたり。それから友達になった人もいて。世界が広がったってちょっと大げさだけど。なんでも、そうだと思うんだよね。仕事人間のサラリーマンが定年を迎えて、その後の人生をぼけーっと過ごしてしまうということがあるのは、結局今までが、家と会社の行き来で〝働かされている〟というか、こういう社会構造だから仕方がないところもあるかもしれないけど、でもそれはたぶん自発的な行動じゃない。この店みたいな働き方をしていると、そういうものとちょっと距離を置けると思う。何か好きなことができる〝自由〟がある。それは独立して本当に良かった。自分でやると責任もかかってくるけれども、その見返りとして自由があります」

本棚を見てもらう

新しく本屋を始めようとする時に重要なことは、出店場所です。どんな人が住む街なのか？　駅の近くなのか？　様々な要素を考える必要があります。クラリスブックスが下北沢を選んだのは、古本屋があったから、そしてこの街が好きという理由からです。

「古本屋のない街でやっている店で、思い浮かぶのは代々木上原のロスパペロテスさん。とても良いお店です。店主さんはものすごいこだわる人で、私はそこまでできないんだけれども、しっかり考えがある。お店に行くとかっこよくて、見せ方がうまい。最初古書組合には入っていなくて、後から加入された方で、古本屋のない街で始めている。多分だけど仕入れを独占できるという狙いがあるんだと思う。

私は神保町で働いていたから、競合があるとかそういう考えがないんです。古本屋って、一度にまわれるじゃないですか。ラーメン屋みたいに一杯食べたら終わり、にならない。まわりに古本屋があったほうがいいと思ったから、古本屋がある街にしました。

実店舗をやっているジレンマがあるとすると、店がある以上、店で売りたいんです。だけどネットでも売らなきゃいけない。せっかく良い本を面出しして、ネットで注文が来ると少し複雑な感じがします。

その気持ちは、わがままだなって最近思っていて、北海道に住んでいる方から注文が来るんです。近所に本屋がなく、身近な本屋としてクラリスブックスで注文してくれている、ということがわかってきました。

どんどん本屋がなくなってるじゃないですか。棚を見る楽しみというか、私はそれで育ってきたんだけど、うちのホームページを見てくれてることが、うちの棚を見てくれてるのと同じような感じだったら、それはそれで役に立ってるなと思えるようになりました。

だから、ちょっとわがままな気持ちとして店舗の売り上げが伸びたらいいなと思ってます」

これから本屋を始める人たちへ

「この本が売りたい、雑貨を置かない、飲み物を出さない、とかそういうことは最初から決めておかなきゃいけないことかなと思います。理想かもしれないけれども、古本屋って街にずっとあるものだから、あんまりコロコロ変わると良くないかな。最初から雑貨など本以外のものも置くというコンセプトで店を始めるというのは良いと思うけれども。

あと、場所はとても重要です。先ほども言いましたが、まわりに古本屋があるかどうか、駅からどのくらいか、急行が停まる駅かどうかなど。

下北沢は平日と土日で客層も人の流れも量も変わる。正直、こんなに変わるのかというくらい。だから、そういった、人の流れをちゃんと把握しておいたほうがいいかもしれないですね。

私はそういったことを特に考えずに下北沢で店を始めて、かなり戸惑いましたし、今でもまだ正解を見出せていないかなと思っています。

本当に金儲けしたいっていう気持ちでは、古本屋はできないです。だけど、やっぱり好きなことができる喜びっていうのはあるんですよね。仕事上のストレスは感じません。売上が立たないという意味でのストレスはあります。お客さん来ないとか。でも、人間関係で大変とかそういうことはないし、精神的には楽です、楽しめるというか。自分の店で本を売るのが好きだから、このクラリスブックスを続けていって、街の古本屋さんという風に言えるようにはなりたいですね。でも、なかなかそこまでできてない。下北沢の本屋っていう道は確立したいと思っています」

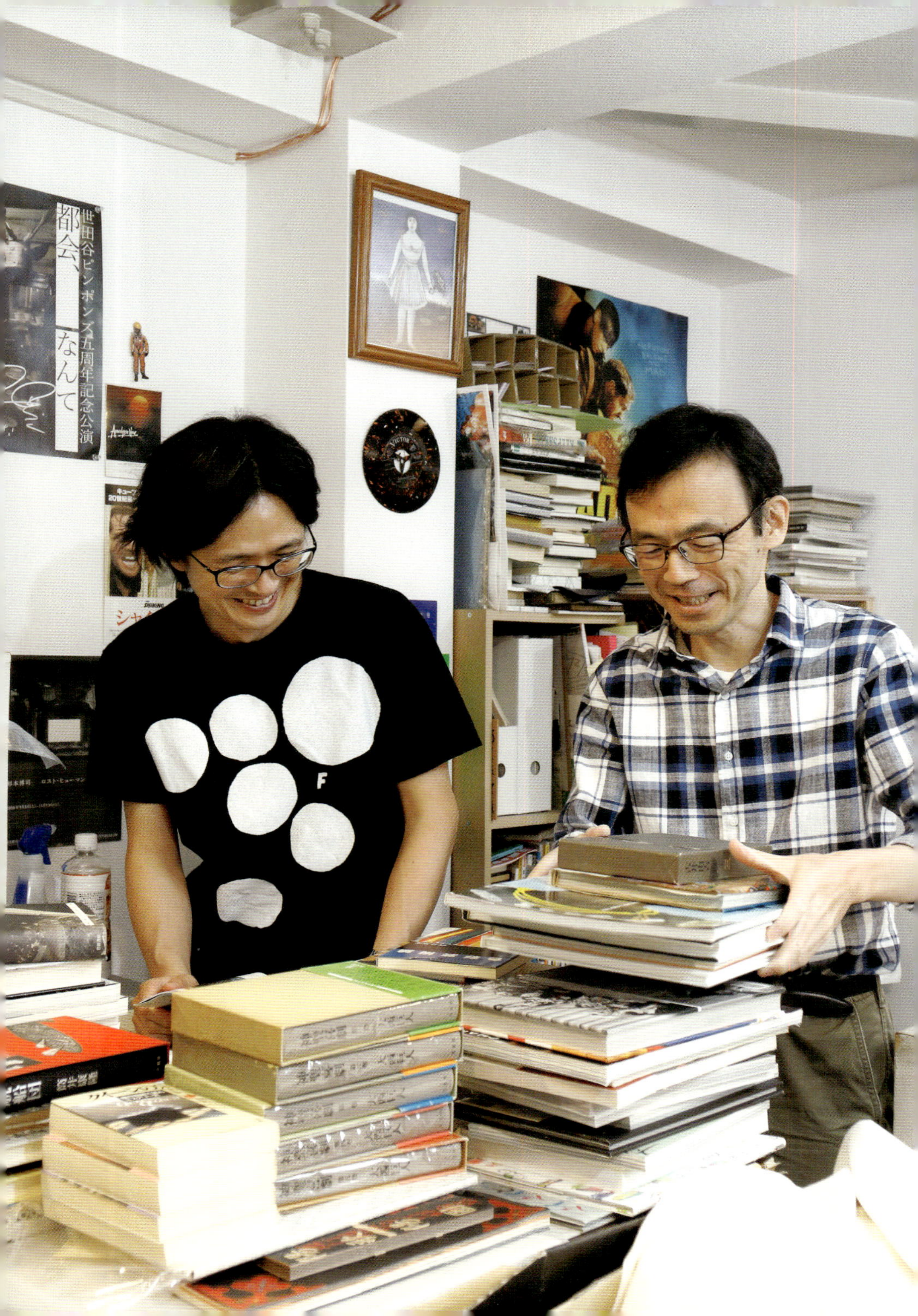
都会、なんて
世田谷ピンポンズ五周年記念公演

[Shop Information]

店名	クラリスブックス
店主	高松徳雄（たかまつ　のりお）
住所	東京都世田谷区北沢3-26-2-2F
最寄駅	下北沢
HP	https://clarisbooks.com
営業時間	平日12-20時　日祝12-19時
定休日	月曜（祝日の際は営業）
店舗面積	約33平米
開店日	2013年12月1日
ジャンル	古書/読書会
蔵書数	約5000冊

Column — 1
Akio Nakamata

文庫本のなかの「投瓶通信」

仲俣暁生

大学に入ったときにいちばん驚いたのは、講義でもサークル活動でもなく、大学生協の書籍販売コーナーの充実ぶりだった。

私が入学した大学の生協では当時、地下のワンフロアがまるごと書籍販売コーナーになっており、ちょっとした規模の「本屋」といってよかった。教科書指定されている本はもちろん、講義がもたれているあらゆる分野の専門書から、当時流行り始めていた「ニュー・アカデミズム」と呼ばれるたぐいの本、そしてもちろん文庫や新書までが、いま思えばそれほど広くないフロアに効率的に配置されていた。

生協のこの「本屋」は、大学という場で行われている知の営みの広がりと深さを、もっともよく教えてくれる場所だった。高校生の頃も大型書店を使う機会はあったが、自分の好きな領域の本（ＳＦやミステリーとマンガ）と学参の棚以外はそれほど意識して見ることがなく、本が伝えてくれる知の広大さをこれほど強烈に実感することはなかったのである。

そうはいっても入学したての一年生とあって、専門書はまったく歯が立たない。流行りのニュー・アカデミズムもいまひとつピンとこなかった。だから、この「本屋」で私が最初に買ったのは一冊の文庫本だった。たしか中公文庫の吉本隆明『書物の解体学』だったと思う。もっともバタイユやブランショ、ミシェル・レリスやバシュラールなどを論じた小難しいこの本を、当時の自分がなぜ選んだのかは思い出せない。吉本隆明の名前はすでに知っていたから、本はなんでもよかったのだろう（バタイユとブランショはのちに読んだ）。

問題は本の内容ではない。その文庫本には、秘密の通信文が挟み込んであったのだ。大学の近くで開催される自主講座――いまでいえばトークイベントと勉強会の中間のようなもの――を告知する小さなチラシだった。

本屋に置かれている本にゲリラ的に通信文を紛れ込ませ、特定の本を買った者だけにメッセージを伝える、まさに一種の「投瓶通信」である。そんなことをしていいのか！という驚きと、そんなメッセージを自分が受け止めたことのうれしさもあって、すぐに主宰者に電話をかけ、この自主講座に参加したいと告げた。主宰者は、浅羽通明という人だった。浅羽さんはこの活動を、「見えない大学」と呼んでいた。

いま思えば古典的なオルグの手法だったのかもしれないが、この出来事をきっかけに私は「大学の外」にある知というものを知った。そして、せっかく入った大学には通わなくなり、出版と編集の世界に足を踏み入れることになる。いまの自分に至る最初の一歩を促してくれたのは、文庫本に挟み込まれた小さな紙片の通信文だった。

記憶の劇場としての書店

山本貴光

Column — 2

Takamitsu Yamamoto

書店は一種の記憶装置である。

入口すぐのところに新刊おすすめ台があって、目の前には壁一面のフェア棚がある。このフロアは雑誌と文庫と新書と新刊台とレジがある。そちらは後で見て回るとして、入口からすぐ左手にある昇りエスカレーターで運ばれる先には文芸書の新刊コーナーがあり……。

という具合に何度も訪れている書店は、入口からはじまってフロアの構成やどのあたりになんの棚があるかもそらんじることができる。記憶力がよいわけでもない私が、強いて覚えようとしたわけでもないのに、いつの間にか覚えてしまっている。

しかもこの記憶のなかに写し取られた書店は、そうしようと思えばズームインできる。人文書の棚のこのあたりには創文社の「ハイデッガー全集」が並び、その裏側にはヘーゲルがいて、未知谷の箱入りの『精神現象学』や『小論理学』の新訳本がある。

どうも人の記憶というものは、こんなふうに空間やそこに置かれたモノの配置などもおおいに活用するようで、いま述べたようなことも別段特別な努力なしにできてしまう。

しかもそれは入れ子のようになっていて、日本⇒東京都⇒神保町⇒東京堂書店⇒三階⇒人文書⇒哲学思想⇒ドイツ観念論コーナー⇒ヘーゲル⇒『精神現象学』てな具合にズームインしたり逆にズームアウトしたりもできる。

そういえば、かつてヨーロッパ方面で行われていたという記憶術でも、空間の記憶を活用していた。まずは記憶のなかに馴染みの空間を設置せよ。その上で記憶したいことがあれば、玄関から奥の部屋までの順路を辿りつつ、記憶の手がかりとなるモノとして置いてゆきたまえ。後で思い出したくなったら、この記憶のなかの空間を歩いて、そこに置かれたものを確認すればよい。（この件にご関心のある向きはフランセス・イエイツの『記憶術』水声社をご覧あれ）

そう、書店とは、本の形をした知識や創作を集めて並べた場所というだけでなく、訪れる人の記憶を助ける劇場でもあるのだ。バラバラなら到底覚えにくいことも、空間とそこに置かれた本の配置によって互いに結びつけやすい。馴染みの書店なら記憶のなかでも書棚にアクセスできる。それはいわば頭の中に知のマップを一つ置いておくようなもの。通販でも本を買えるこの時代に、私が毎週欠かさず書店に行くのは、こんなヒミツがあるからなのだった。

敷島書房

山梨・甲斐

一條宣好

Nobuyoshi Ichijo

山梨で、三代つづく敷島書房

本に囲まれながら研究をする生活、そんな文化系の夢を実践している本屋さんがあります。

敷島書房の店主、一條さんは本業の傍ら民俗学者南方熊楠の研究も行っています。

本屋の息子として生まれ、本屋で育ち、本屋で働く。生涯を本屋とともに過ごす一條さんに、お話しをうかがいました。

本がステータスだった時代

敷島書房が開店したのは1970年。敷島書房の創業当時、紙の本を取り巻く状況は、現在とは異なっていました。

「開店初期のことは記録とか残ってないんです。父が亡くなったのが急で、もっと聞いておけば良かったと今になって思います。東京オリンピック開催後まもない1970年から営業していて、母と2020年の東京オリンピックまでは、命がけで頑張ろうと話をして

います。この敷島書房は、祖父が開店したのですが、すぐに父が引き継ぐことになりました。祖父は本が好きで、家にもたくさんの蔵書がありました。父と母は、祖父ほど本を読む人じゃなかったです。それでも、父は本屋を気に入っていて、本を配達する仕事やお客様とのやり取りを楽しんでいた記憶はあります。父と母と親戚の三人で朝から晩まで働いてました。配達件数もあったし、当時は本当に本屋は儲かる仕事でした。今は、私が本の配達をしています。昔よりは届け先の数は減って、一日に四十件程度ですね。店の売り上げのほとんどが配達で、美容院が注文してくれることが多いです。

父の時代には、新しい団地に飛び込み営業に行って、雑誌や本の配達を受けていたみたいです。若夫婦の方が『主婦の友』や、子供が大きくなると『幼稚園』を取ってくれたりして。当時は本を配達してもらって、家に高額な本があることが一種のステータスで、商売しやすかったと聞きました。その頃に子供だった方から、今も配達の注文をいただいています。学校から帰宅した時に、『小学校一年生』が届いているよ、という一言がとっても嬉しかったと、思い出をわざわざ話してくれるほど印象が強かったようです。今みたいにワンクリックで何でも、という時代じゃない。不便さも幸せだったんでしょうね」

憧れの本読み、南方熊楠

敷島書房では、「売らない本の棚」があり、一條さんの私物を展示してありました。店主の本棚を見れる本屋です。特に民俗学の本が充実しています。

「民話に興味があって、それは民話の読み聞かせをしてくれた母の影響です。大学では民話、口承文芸を専攻し、卒業論文は『竹取物語』をテーマに民俗学・歴史学の手法で分析を行いました。当時、南方熊楠に興味をもっていました。

熊楠を知ったのは、岡茂雄の『本屋風情』という本がキッカケです。本屋の息子なんでタイトルに惹かれて手に取ってみたら、読めない名前の人がいて非常に謎めいていて面白かった。顕微鏡の観察もするし、人々の声を聞くフィールドワークもしている。大英図書館に行って、珍しい本をいっぱい読んで書き写してそれを元にして一生勉強した。そんな熊楠はあこがれの人でした。それは今でも変わらないです。本を読む人間から見て、これほど魅力的な人はいない。自分の本屋で、熊楠の本を売ることは誇りですね。山梨に戻ってきて、時間もできたから好きだった民俗学の勉強を再開しようと思いました。

和歌山に南方熊楠顕彰館というところがあって、専門家以外の市民にも貴重な資料を見せてくれることを知って訪ねました。在野の研究者だった熊楠にならって、自分のような大学に属する専門家ではない人でも、資料を利用することができるんです。

その時の研究成果を南方熊楠研究者の田村義也先生たちに見ていただく機会があって、南方熊楠研究会に参加するようになりました。会合でお会いした出版社の共和国さんから、イベントを提案していただいたりと本屋の仕事にもつながっています。

自分の好きな〝勉強すること〟と〝本屋すること〟が、生活の中で一つになっています。それはすごく幸せなことです」

東京の本屋と山梨の本屋

一条さんは、大学卒業後に東京の書店で働きます。ご両親は本屋を継ぐことを求めていませんでしたが、この仕事を選びました。

「池袋パルコの書店で働き始めたのですが、両親に書店に就職したといったら、二人とも笑ってましたね。

実家を離れて都内にいた頃に、お客様から教わることが多くて、客注文で知る個性的な本があったり、棚のアドバイスをいただいたりしていました。お客様と会話をして一緒に店を作り上げる楽しさは、東京で働いてる時に覚えたことです。

十年以上都内にいて、最終的に実家を継ぐことにしたのですが、本を売る同じ職業のはずなのに、こんなに違うんだと実感しました。戻ってきて一つだけ寂しかったのは、注文する時に『三百冊お願いします』と言葉にすることはもう永遠にないことですかね。

都会にいた時に気づかなかったことはいくつかあって、小さな書店ではベストセラーの確保がとても難しいんです。大きな書店が優先的に配本されることが多いので、小規模の店は希望した数が手に入らない。出版社とコネクションのある書店ならば方法がありますが、父から十分に引継ぎができなかったこともあって、どこに声をかけたら良いのか手探りの部分がありました。賞が発表されたら、客注文はもちろん来るわけです。でも注文数を確保できない。受賞作品だと急いで読みたいと思う方が多いので、時間がかかるとキャンセルになってしまう。そうするとこの本屋は新刊の話題書がない、と認識されてしまいます。

その経験からわかったことは、自分が東京にいたときに三百冊といって確保した分、地方の書店さんの注文分を減らしてしまっていたということ。あの注文の仕方って長い目で見ると良くなかった。大型書店だけで働いてたら一生気づかなかったことでした」

老舗の本屋を更新するための方法

東京から山梨に戻った一条さんは、祖父の代から続く古い本屋の新しい店主になりました。代替わりしたことで、また一からお客さんとの関係を作っていかなくてはならない、という課題に直面します。

「大型書店から実家の本屋に戻ってきた頃は、どんな

HAB

お店にしようか悩みました。敷島書房でやっていたことが、配達のことや地元の方に支えられていることと、十分にわかっていませんでした。予約の方が、取り置きの本を受けとるだけで店内をご覧いただけないこともあって、まずは目を向けてもらわなきゃいけないということに気がついたんです。

そんな時〈百書店〉という企画に参加しました。色々な書店が、十冊チョイスして出展するというものです。その時に選書書店とか個性的な小さな店のことを知って、本屋も独自性を前面に出すことがありなんだと衝撃を受けました。

大型書店で働いていた時に、上司に言われていたことは『個性は出すな』。きっと、信頼できる人にしか店の棚を任せられないという意味だったと思うんですが、そういった環境で萎縮した自分もいました。

新しい視点を、小さな書店からもらえたんです。季節のものを平置きしたり、得意な民俗学の本を置いたり、売り物じゃない私物の本棚を作るようになりました。自分を出すことは勇気のいることですが、それによって関心をもってくれるお客様に適切なサービスを提供できたことが、総合的に良かったことですね」

人とのつながりから作る

個性を出すことを始めた敷島書房は、SNSで発信を行うようになります。すると、様々な人から声がかかるようになっていきました。

「自分の蔵書を置くことにした理由はいくつかあるのですが、一つの理由は、かなりコアな文学ファンのお客様が来るようになったことです。流通してない本の話題も多く、それだったら私の本を並べちゃって、それをネタに話しませんかと始めました。

そのお客様が来てくれるようになったキッカケの一つは〈本と珈琲カピバラ〉さんという甲府の個性的なブックカフェが、敷島書房のフェアや活動を知って盛んに宣伝してくれたからです。自分の本を思い切って並べてみると、他のお客様も結構面白がってくれて、『あなたこんな本好きなのね』と声をかけてくれたり、『ここの店で一番面白いのはこの本棚だね』と言ってもらえるようになったり、最初はビクビクだったんですけれどもやって良かったと思いますね。

図書館と協力をしたイベントもそんな交流がキッカ

ケです。塩尻市で〈信州しおじり　本の寺子屋〉という活動が行われています。図書館と書店が手を取り合って、本屋のPOPを図書館に置いたり、図書館の選書を本屋で販売したり、一緒に盛り上げようという取り組みです。その活動を模範に〈甲斐・本の寺子屋〉が始まりました。立ち上げメンバーの一人が、私が幼い頃から通い、お世話になっていた図書館の方で、敷島書房にも声をかけていただきました。

Twitterでは作家さんとの出会いもあり、武田信玄のお父さんを題材にした『虎の牙』を書いた武川佑さんがプルーフ本を送ってくれて、そこからフェアを行いました。以前の勤め先のカリスマ書店員が、出版社から直々に献本が届いていて羨ましいなと思っていたので、ついに自分にも！　と嬉しかったですね。フェアのために色紙を送ってくれたり、他の書店にも広まったりして、武田信玄の熱心なファンの方も遠方からお店に来てくれました。SNSで著者や読者、本屋がみんなで盛り上がって作ったフェアでした。

こんな時代だからこそ本について考えてる人の熱量が高まっているし、SNS等でつながりをつくるのはやりやすくなっていると思います」

これから本屋を始める人たちへ

「敷島書房は自分が開業したわけではないので、この本に載っている他の書店とは違うと思いますが、東京から戻った時には色々なことが大変な状況でした。書店だけじゃなく、大手出版社の売上も下がっていて、そういった意味では厳しいマーケット。でも、自分は本屋の息子に生まれて、本を扱ったり、本で調べて何かを書いたりということをやってきた人間で、本がある人生が当たり前なので離れたくないんですよね。そんな中で思うのは、熱意があれば切り開けることは必ずあるということです。

本が好きだから、その思いをお客様に届けられる喜びってすごく大きい。もちろん大変なこととか、行き詰まることもあるかもしれないけれども、そこを越えられるものは熱意だと思います。乗り越えられない壁があったとしても、ある程度までは気持ちがあればクリアできると思いますね。新しく本屋を始めたいという方には『どうしても始めたいんだったら始めましょう！　一緒に頑張りましょう！　いっぱい教えてください！』そんな気持ちで心から応援したいです」

[Shop Information]

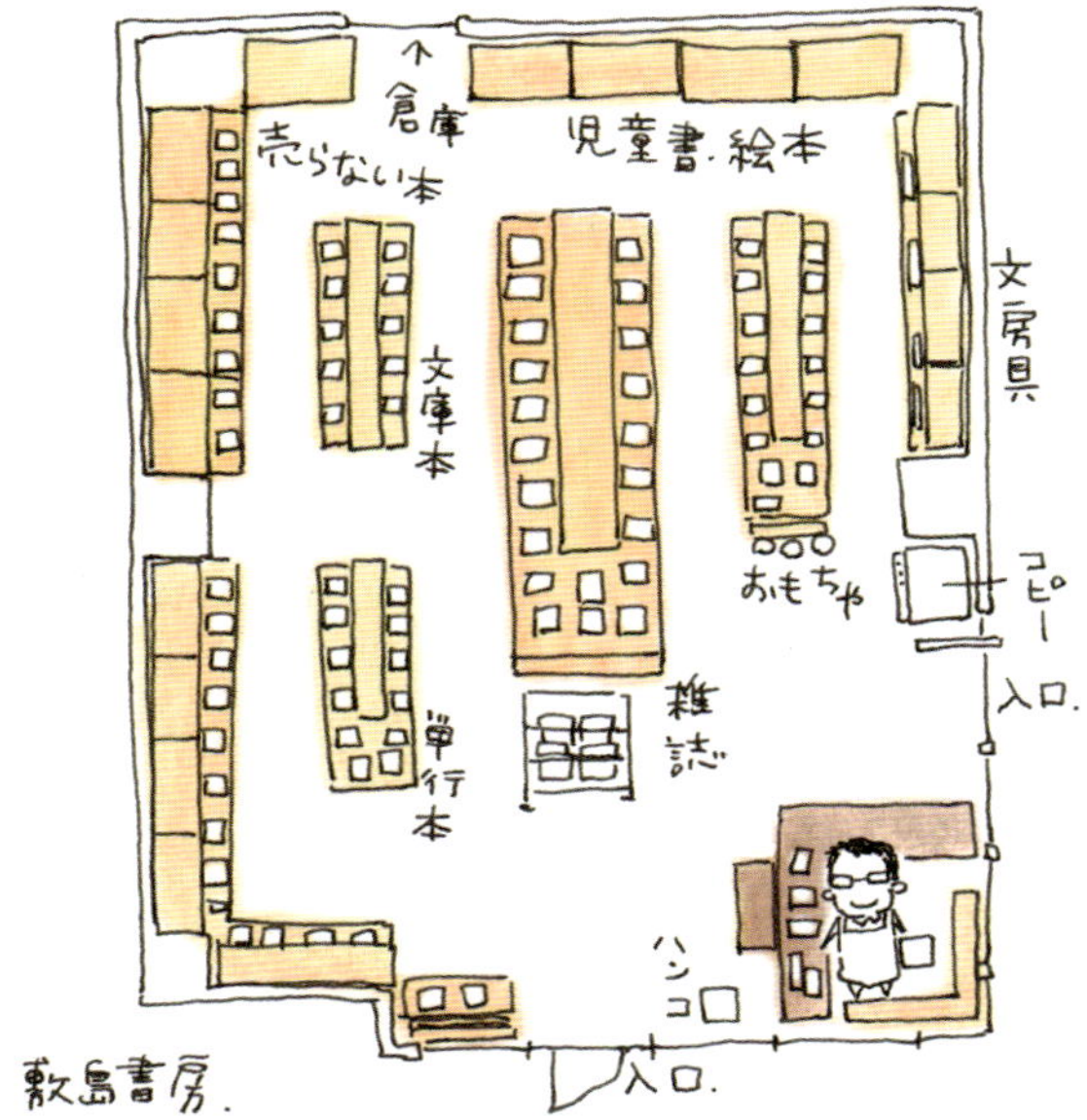

店名	敷島書房
店主	一條宣好（いちじょう　のぶよし）
住所	山梨県甲斐市中下条６６０
最寄駅	竜王
HP	https://twitter.com/jack1972frost
営業時間	月～土8-21時　日祝9-20時
定休日	なし（休業は元日のみ）
店舗面積	約66平米
開店日	1970年（月日不明）
ジャンル	新刊／近代文学／読書 民俗学／社会学／山梨の歴史
蔵書数	約5000冊

書肆スーベニア

東京・向島

酒井隆
Takashi sakai

住むところ働くところ、書肆スーベニア

かつて商店は、職住一致のお店が多くありました。墨田区向島、スカイツリーの近くに店を構える書肆スーベニアは、住居兼店舗の本屋です。

本屋には、様々な形式があります。副業として週末だけの本屋や店舗をもたないネット本屋、共同本屋など。多様な選択肢のある本屋、書肆スーベニアの店主酒井さんは「本屋で生活を維持すること」を重視しています。利益を出すのが難しいといわれる出版・本屋業界でどのように生きてこうとしているのか、お話しをうかがいました。

電子書籍から本屋へ

酒井さんは何回かの転職を経験して、本屋を開業しました。これまでに、電子書籍を作る現場や本の流通に関する仕事など出版に関する職業に就いています。

「今では本に囲まれた生活をしていますが、昔から小説にたくさん触れたりしてたわけじゃないんです。漫画は好きでした。兄がいるんですけど、兄が漫画好きで、子ども部屋に『ジャンプ』『サンデー』『マガジン』が毎週あったから自然と漫画を読んでいました。

大学はメディアアートの学科で、漫研に入っていました。コミケのタイミングに合わせて、年に一度は漫画を描いていましたね。今は全く描かないですが。

大学卒業後、ネット広告の代理店で働いていました。でもそこは一年くらいでやめちゃって、しばらくふらふらしたり、PeerCastでゲーム実況やったり。そうすると、お金もなくなっちゃったんで、書店営業の会社に就職して、IT実用書の販促をやっていました。出版関係のキャリアは、そこからですね。僕の場合はIT系ジャンルに強い本屋さんを、版元のデータとかから選出して、いわゆるルート営業をやっていました。一日にまわっていたのは、多くて十五件かな。

営業に注文しなくても、書店には過去の販売数とかに応じて自動的に配本が入ってくるのですが、忙しくて追加注文できないとか、大量に仕入れたい時に店舗に来た営業に依頼することがあります。当然、営業が通っている書店は、直接やり取りできるので売れ筋の本や少部数の専門書も確保しやすくなっています。

当時、ボーイズラブコミックが伸びている時期で、電子出版事業をやってみたいという声が社内であがりました。電子ですごく売れたものを紙で出す、という方法で出版するのが一般的だったので『ＩＴ業界に強い人やってよ』と僕が担当することになりました。

肩書きは編集長だったんですけど、ＢＬを専門にやってきた編集が入ってくれたので、実際の仕事としては営業面だけですね。電子書店との渉外や数字の管理、といった業務をしていました。ＢＬが流行った後に、ティーンズラブが流行りました。男女の恋愛でハーレイクイン的な感じの作品を、少女向けの絵柄で描いているコミックです。ティーンズラブを始めたところで、異動してきた上司と合わなかったので、僕は会社をやめました。

仕事から離れて、またふらふらしていたら、とある出版社の社長さんが、出版系の倉庫会社で働かないかと声をかけてくれました。

倉庫会社は、複数の出版社の下について取次にモノを運ぶ仕事です。取次にも倉庫はあるんですけど、そこには回転のいいものがストックされていて、すべての本があるわけではありません。取次の倉庫に置けない本を管理するために、倉庫会社を利用するんです。

倉庫会社って下請けなので、給料安いんですよ。出版業界全体が斜陽といっていますけど、このまま会社で働くよりは生活のためになるんじゃないかと思って本屋を始めることにしました。倉庫の社長も独立して自分で会社を立ち上げた人なので、とても応援してくれました。

職業としての本屋を始める

酒井さんは出版関係の仕事をいくつか経験していたため、業界の様子や本を仕入れる時の流通の知識を身につけていました。実際の店舗をもつことを決めた後、本屋としての魅力や無理なく続けられる仕組みを学ぶために勉強を始めます。

「自分の店を始めようと思ってから、本屋を見てまわりました。僕は他店の棚を見ても感動するタイプではなくて、それよりも客層とかを気にしていました。お客さんが来てくれて、流れるように買ってもらうのは良いことだよねと考えて、そのようなお店があったら

日本の夜の公共圏

短歌ムック
ねむらな
TAKE FREE
ikkA

参考にしていました。東京の三鷹にある水中書店さんは良いお店だなと思いました。

本屋になりたい人へ向けた講座に参加したこともあります。一番面白かったのは久禮書店の久禮亮太さんのお話ですね。久禮さんはあゆみブックスで活躍された方で、スリップの使い方を先輩に習い、それをスタッフとのコミュニケーションに活用して書店の売上アップにつなげた人です。あゆみブックスを退職された後は、フリーの書店員として活動しています。

久禮さんは書店の作業を一生懸命効率化して、システマチックにやってるのに『それは、商品の物量に負けないようにするためだ!』と熱量でカバーしようとしている面白い感覚の人でした。本屋のやりかた本で語られる、熱量だけしかないものにはうんざりしていて、そういう人だけになってしまうとお金に困ってない人とかパトロンがいる人しかできない仕事になってしまいます。職業選択の一つとして本屋がないと意味がないと思っていました。

技術を使って工夫してやっている久禮さんの事例が、一番僕の求めていたもので、本屋で食っていくヒントになると思いました」

手の届く範囲のお店を作る

本屋講座で自分のスタイルを発見した酒井さんは、店舗を探し一週間で向島の物件に出会います。

「始める時のサイズ感を、最低限にしておこうと思っていました。出版業界にいたので、ある程度の広さがないと生活が成り立たないことはわかっていたんですが、最初の数年間は経験のために本屋をやろうと決めて、家賃が安くて住みながら営業できる場所を探していました。

職住を一緒にしたのは、単純に一番安いから。それに、通勤したくないなと思ったからです。田舎の町にある実家が兼業農家だったので、半分自宅で半分商売やるっていう感覚にあまり違和感がなくて、むしろこっちの方が自然だと思いました。

ここ、向島の近くには、浅草や蔵前があるので小さいお店を始める若い人が増えてきています。とはいえ、人通りの少ない街なので大勢のお客さんが呼べる環境ではありません。なので、ネットの古本屋も同時に営業して、なんとか利益を出そうと計画しました。

物件が決まってから、最初は取次へ契約のお願いをしました。八木書店さんやツバメ出版流通さんと子どもの文化普及協会さんです。

内装はDIYで作りました。一人だったんで、棚も自分で設計したりして時間がかかっちゃって。当時は何となく自分で全部作ろうとして、時間もお金もかけてやっちゃったんですけど。本当だったらなるべく早くそういう作業は終わらせたほうが良いですね。早く古書組合に入りたかったけれど、開店準備でその暇がなかった。

実店舗はこういう家賃が安くて小さいお店だから無理しないで、飯を食う部分は古本のネット販売で何とかしています。実状はトントンぐらいです。本屋が厳しいとは言われているんですけど、しばらくは古本の販売で食っていけるなと感覚的にわかってきました。仕入れの知識を身につけて、既存の古本屋があまり狙わない本への嗅覚を高めていけば。

収益をネット販売中心で考えているので、店舗にお客さんをとにかく呼ぶ！　という意識はありません。今は下積み段階なので少しずつやっていくつもりです。お客さんの入りをさほど気にしてないのに、フェアをやらせていただいているのは、業界内での知り合いを増やす目的もあります。お客さんが来なくてもSNSで発信することで、面白いことをやっている本屋として見てもらうことができます。出版社に協力してもらって、販売数が伸びないのは申し訳ないですが。

お客さんが来ない前提で店を開けたといっても、レジに立って実際に誰も来ないと精神的にやられましたね。本当にこれ、このままやれんのかなとか。特に一人でやっているとキツイです」

新しい本屋と古本市場

書肆スーベニアは、古書組合に加入しました。古書組合には加入時に、組合費や加入金を支払う必要があります。組合に入ることで全国の古書市場・交換会に参加して古本を出品したり、仕入れたりすることができます。酒井さんは、市場について理解を深めるため運営の手伝いも行っていました。

「古本は新刊と利益構造が全然ちがうので、ちゃんと仕入ができれば、それなりにお金になります。新しいお店こそ、加入するメリットがあると思うんです。

小さい本屋が置いているような、今どきの小規模出版の本はなかなか古書に流れてこないんですが、老舗の古本屋は狙わないので見つけたら確保しやすい。

市場からしたら、今まで二束三文だった本に値が付くし、小さい本屋からしたら競争率が高くない状況でこだわりの本を仕入れられる。市場にはそういう魅力があります。

今は古本市に出て行ったり、お客さんからの買取をしたりして商品を集めていますが、一番良いのは自分の店で新刊を売って、それを自分の店で買い取ること。将来的にはそれをやりたいですね。レシートを持って来てくれたら、割増で買い取るとか。小さな経済圏を自分のところで作るのが、一番おいしい状況ですから。イベントを主体にした経営や、常連さん向けのコミュニティを作るという手段もありますが、一人でやっている今の状況では、運営に時間を取られて棚が疎かになっていくのでやりたくないです。売っている本で経済が回るようなことを考えています」

これから本屋を始める人たちへ

「貯金がいくらあるか聞きます！　古書組合に入らないのであれば、ウチくらいの大きさなら百万円ほどですかね。一年間の生活費も考えると二百万円はあれば五坪に満たないお店は作れますよ。本屋は表現者じゃないので、商品を揃えて、場所も借りて、自分が商売として続けられる計画性が大切だと思います。

スーベニアは小さい規模の店で、職住が一緒なこともあってこの街に参加している感が強くあります。

こういう街のお店は徒歩圏の人々に向けて商売をやっているんですが、新しくできたマンションに住んでいる人は来てくれない。自分たちの住んでいる場所に、ナニカがあるということを全く期待していないんですね。通勤や通学のために駅に行き、ちょっと食品の買い物をするくらい。店に住んでいると、そういう街の様子もわかります。

今の店舗は在庫を置くスペースに限界があるので、移転を考えています。その時にも職住を同じにするかはわかりません。その時の自分の状況に、一番自然な形にしたいと思っています」

[Shop Information]

店名	書肆スーベニア
店主	酒井隆（さかい　たかし）
住所	東京都墨田区向島2-19-11 ププレ隅田公園1F
最寄駅	押上・とうきょうスカイツリー・本所吾妻橋
HP	https://shoshisouvenir.com
営業時間	12-20時
定休日	月曜～水曜
店舗面積	約13.2平米
開店日	2017年8月4日
ジャンル	古本／新刊／リトルプレス 普通の古本屋/ワンオペ書店
蔵書数	約3500冊

Column — 3
Yusuke Matsui

地に足がついた本屋

松井祐輔

本屋を開くと、本屋に行けない。本屋が好きで本屋を開いたのに、本屋になると本屋に行けない。やり方にもよるけれども、店がある以上はオープンさせなければならず、その時間は概ね余暇から削り取られる。営業時間も、店休日もなにかとかぶる。ちょっと旅行に行くのにも一苦労だし、名古屋や福岡、都内ですら、今まで行っていたイベントに行くことができなくなって、ひとりで店番をしていることになる。で、店番をしていたところで、そんなにお客さんは来ないのである。いや、最後のは愚痴だけれども。

概ね、自由な時間が少なくなるので、外出は難しい。たまに同じイベントに出店するなどで、気になっていたあの書店主さんと初めて顔を合わせる、ということはあるものの、それだってイベントでの出会いだから、お互いの店は行き来できていないのである。店によく来るお客さんの中には、趣味としていろんな本屋を巡っている人が複数おり、実のところぼくも本屋を開くまでは、そういう、本屋のために旅行するといったような、温泉近くの駅でタクシーに乗って、「温泉ですか？」「いや、本屋です」「本屋？お仕事で？」「いや、観光です」「はぁ……？」という会話を繰り広げるような人だったのだけれど、今となってはお客さんから、新しくできた本屋の様子を聞くことの方が多くなってしまった。

かわりに、というわけではないけれど、自分の店の近くのお店、カフェだったり雑貨屋だったり、食堂であったりするところにはなるべく行くようにしている。それはまちを知る、という意味もあるけれど、店を続ける、ということにとって、どんなに普段からその地域にいる人のことが大切か、身にしみているからだ。本屋が好きで本屋に出向くのはむちゃくちゃ楽しいし、ぜひいろんな人にやってほしいのだけれど、店が（少なくともこの本に載っているような）、リアルな場、その地に足をつけて立っている場所にある以上、近隣の人がどれだけ楽しめるか、を大切にすることになる。そうしないと店が続かないし、その場所に店がある意味が見いだせない。かくいうぼくも、ある本屋に毎日通いたくて引っ越したことがある。離れるきっかけもその本屋の閉店だった。ぼくの店も、だれかにとってそういう店になれるといいなと日々思っていたところ、先日お客さんから「引っ越すので、最後にもう一度来ました」と言っていただいて、なんだか胸がいっぱいになってしまった。本屋には行けない、だけど、誰かが本屋に来てくれている。

Column — 4
Akio Nakamata

いちばん「居心地」のいい本屋

仲俣暁生

大学で非常勤講師をしていると、本屋に興味があるという学生をときどき受けもつことがある。数年前にも、本屋の研究をしたいという学生が、卒業演習の指導教官として私を選んでくれた。女子学生だった。

もっとも、彼女は本がそれほど好きなわけではないということが、話をしはじめてすぐにわかった。むしろ本を選ぶことや読むことは苦手なのだという。でもだからこそ、自分のような学生が本と出会えるよう、本屋についての研究をしたいのだと彼女は言った。

私はまず、いろんな本屋に行ってみてごらんと助言した。これまで彼女が体験したことのある本屋は、おそらくそれほどバリエーションが多くないはずだ。この大学は郊外にあり、最寄りの駅前にある書店はきわめて貧弱だった。まさにTSUTAYAとブックオフの世界なのである。頼みの綱であるはずの大学生協にも、教科書以外は文庫と新書、雑誌しか置かれていない。だからこれまで彼女には、本の多様な世界を知る機会そのものがなかったのだろうと想像したのである。

私が薦めたいくつかの本屋――「個性派書店」などと呼ばれることもある店――に、彼女は実際に足を運んでみたという。それぞれの店はタイプも異なり、どれか一つくらいは気に入ってくれると期待したのだが、戻ってきた彼女に感想を訊ねると、「つらかった」「きつかった」という。どうやら、とても居心地が悪かったらしい。それまでのTSUTAYAとブックオフの世界とは、あまりに隔絶されていたからだろうか。自分とその場との関係を、うまく作り上げることができなかったようなのだ。

ところが彼女は、最後に意外なことを言った。「でも先生、とても居心地のいい本屋さんが、一つだけありました」。私が薦めた店に行った帰り道に偶然、自分で見つけたのだという。彼女をそこまで和ませた本屋がどこなのか、私はとても気になった。

それは新宿駅西口の地下広場で、ときおり行われている古書市だった。地下のロータリー脇にあるオープンスペースにさまざまな古書店が出店し、さながら縁日のような賑わいになる。私も好きな古書市だ。だけど、それは本屋じゃないだろう、という言葉を私はぐっと飲み込んだ。柴野京子さんの『書棚と平台』という本に書いてあったことを思い出したのだ。平台の起源は縁日にあり。古書市を「本屋」とみなし、居心地がいいと感じる彼女は、もしかしたらとても正しいのかもしれない。

結局、その女子学生は卒業演習を途中で放棄してしまった。常設の「本屋」のなかには、彼女の心をとらえるところが一つも見つからなかったのだ。いま、彼女はどこでどのようにして本と出会っているだろう。いまもそのことが気にかかっている。

千葉・松戸

せんぱくBookbase

絵ノ本桃子
Momoko Enomoto

本

本好きあるある袋
¥200

本屋の生まれるところ、せんぱくBookbase

店舗をもって本屋を始めようとするのは、大きな決断です。場所を探して、本を仕入れる契約をして、平日にお客さんが来る仕掛けを考えて、引越しして、内装を整えて、お店番をして、棚の点検をして、寝る前に帳簿とにらめっこ。自分だけの本屋を思いついたとしても、実行に移すのは勇気が必要です。

霊園があり、たくさんの石屋のある街、千葉・松戸。ここには、みなさんのアイディアを自由に実践できる場所があります。

せんぱくBookbaseは、小さな本屋が集まり、育つ空間としてスタートしました。せんぱくBookbaseを立ち上げた、親子絵本専門店NanuKの店主である絵ノ本さんにお話しを伺いました。

誰かに本を届けるために

絵ノ本さんは様々な本に関わる仕事に携わってきました。本を紹介すること、書店に届けること、文章を書くこと、そして、本屋として売ること。

「著作権エージェントに憧れていたんです。ハリーポッターは世界中で人気やけど世界的に有名な日本の本って何だろう、と高校のイギリス留学の時に考えました。自分が日本版ハリーポッターを世界に紹介したいと思ったんです。

大学の就職活動では本関係の仕事を探しました。著作権エージェントを希望してたんですが、あまりなくて。そんな時に出版社の就職説明会に行ったんです。そこで取次という仕事を知って、一石二鳥やなと。出版社と本屋の間に入るから、どっちも学べて、両方を繋げられると思ったんです。

取次の仕事は三年でやめました。怒られるんですよ、本屋さんから『売れへん本を送るな』って。人に喜ばれない仕事ってなんだろう、とこの仕組みに疑問を感じて、転職することに決めました。

本を扱う時に、取次の窓口の人と出版社の営業部の人の仲の良さで、数が決まる場合があることや、売れない漫画雑誌を出版社の都合で送るんですけど、街の書店は悲鳴をあげているということを体験しました。

書店に工夫を任せるじゃなくて、取次の工夫で様々な売上が伸びるようにしたほうがいいんじゃないかと思って、ポップを作ったり、フェアの提案をしたけれども、販売部が本屋のことを腫れ物扱いしていたので、〝何もするな〟という雰囲気でした。

私がいた取次は、六年間苦しい時期があって倒産しないようにするのに必死だった。ひとつの山超えたところだったので、もう疲れきっていたんでしょうね。『これまで頑張ったんやから、もう頑張んなくてええやん』という感覚だったのかもしれません。

それで、取次をやめてからは、やっぱり著作権エージェントになりたくて、もう一度探しました。とある会社に問い合わせたら、編集を経験しなければならないと言われました。

それで、編集の学校に入って勉強しながら、図書館で働きました。編集の学校ではライター的な技術を学ぶことが多かったので、翌年からライターの仕事をコツコツやらせてもらえるようになります。

そして、2012年に妊娠がわかって、在宅でできるライターしか職業の選択肢がなくなったんです。子どもができると暮らしを考えた仕事になるんですよ。

いくら時間の融通がきくライターでも、請け負ってばっかりなので誰かに依存している仕事だからいつなくなるかわからないし、会社に所属してるわけじゃないから急に休めない。実際に、子どもが急に病気になって、翌日の仕事をどうしようかという日がありました。夫が『じゃあ俺が休むよ』って言ってくれて、何とか仕事に行けたんですが、その時に誰かに依存する仕事っていうのは、限界が来るかもしれないと思いました。

本屋をやろう、と思ったのはそこからですね。いつか本を売りたいと思っていましたし、自分の店だったら働き方もコントロールできるから」

もしかしたら、みんなで本屋やれるかも⁉

自分のライフスタイルに合った仕事として本屋を選んだ絵ノ本さんは、子育てしながら働く方法を模索します。WEBページを立ち上げ、本を作っている人へインタビューに行ったり、レンタルスペースで小さく本屋さんを開始したりと新しい挑戦を始めます。しかし、スタートした本屋は軌道に乗りません。

「やっぱ一人で本屋やるのは無理やなと思って、一度諦めて他のことを考えていたんです。

その時に同時に学童保育のボランティアをやっていて、施設の活用に関する相談を受けました。そこで、街の人が本を売り買いできるスペースを貸し出して、間借り本屋をやったらいいんじゃないか？　と提案したんですね。結局は実現しなかったんですけど。

このアイディアにどんだけニーズがあるのか、知りたくてTwitterに投稿したんです。そしたら、二人ぐらい返事をくれました。最初に返事をくれたのがLighthouseさんと晴山屋さん。『二人も反応してくれたのに実現しないのはもったいない、このまま本屋いけんちゃう？』と思い、物件探しを始めちゃったんです」

アトリエ、カフェ、本屋が集まる場所

一人で本屋を続けることの限界を感じた絵ノ本さんはSNSの反応に後押しされて本格的に店舗を探し始めました。子育てしながら通える場所を条件に、家から遠くなく子どもを連れて来ても安心できる場所を考え、せんぱく工舎というシェアアトリエに決めました。せんぱく工舎はレトロな社宅を改装した建物で、地元のクリエーターやアーティストらが集う場所として誕生しました。一階は地域にひらかれたショップが並び、二階がアトリエとなっています。

「ここの店舗スペースの前は芝生になってて子どもを連れて来ても安心だし、隣に飲食店があることとか、二階がアトリエで作品も身近に感じられるし、子どもと店に立つのにいいかもしれないと思いました。家賃も安かったんですぐ決めました。

場所を決めてから仲間集めをしました。私のやっている親子絵本専門店NanuKと一緒に参画してくれる、この街の人で場の運営に興味がある人、本屋を始めたい人、一箱古本市に出ている無店舗の本屋さんを募集したんです。参加費月額は七千円。ちょっと高めにしたほうが、本当に本が好きな人が集まってくれるかなって。『興味ある方いますか？』とTwitterでつぶやいたら、わりとね、すぐ集まった。シェア店主が十人くらい集まって、始められることになりました」

誰かに助けてもらう、クラウドファンディング

「お店の改装にクラウドファンディングも利用しました。ＮＰＯ法人情報ステーションというところが、もともと知り合いで力を貸してくれました。

CAMPFIREとかいろいろなサービスを知っていましたが、結局はFAAVO《ファーボ》を利用しました。地域に特化したクラウドファンディングで、各地域にエリアオーナーという人がいて、地域に根差した人たちで運営しているんです。私たちに協力してくれたエリアオーナーが、ＮＰＯ法人情報ステーションでした。こうやって支援を募ると、協力してくれたみなさんが伴走してくれるんですよね。クラウドファンディングを通じて活動を知ってくれる人が増えてきて、始める時には意識してなかったけど〝告知〟なんやなとわかりました。

レンタルスペースで営業していた時と違い、今回は支援者さんがいて、最初から店が愛されてるというか、背中を押されている感じが良かったです。子どもがいるってこと伝えているし、その状況を理解してくださってる方がいるのもありがたかったです」

本屋が育つ本屋

たくさんの本屋が集まるせんぱくBookbaseには十一の書店が参加していました（取材当時）。クラウドファンディングで支援した人や出版関係で働きながら自分の本屋を作りたいと思っている人、母校がこの地域にある人、シェア店主は様々な背景をもっています。個性が混じり合うこの空間は「お互い支え合う」ことで成り立っています。

「本屋って最初から暮らしていけるように稼ごうと思って始めるには、ハードル高すぎやと思います。いつか本屋さんやりたいなとか、本に囲まれた空間ほしいなっていう時に、仕事と体調を優先しながら活動をできる場所、ゆっくり考えて育てて行ける場所としてせんぱくBookbaseがあったらいいなと思ってます。

ここに参加しているシェア店主のみんなが、経験を積んで資金を整えて、いつか自分の店をもったら、街の本屋が増えるじゃないですか。

この場所は多様性とか可能性を受け入れる形を目指してるんです。イベントも本に関連したものじゃなく

てもいいし、他の本屋ではどうやって売上立てるのっていうイベントでもやってみればいい。私が『やっていいよ』っていうことで、周りの評価を気にせずに挑戦できるかなって。

店番もみんなで交代でやっていて、店番できる人がいない日は無理して開けないようにします。私みたいな子育て中の人ばかりじゃなく、いろんなライフスタイルの人がいて、お互い自由な時間が違うので協力しながら運営しています。とはいえ、私は責任者なので、皆さんからいただいた参加費は、いずれ各自の売上だけじゃなく、なにかで返せることをしたいと思っています」

これから本屋を始める人たちへ

「一人でやるよりも、誰かとやった方が経済がまわると思います。一人が連れて来れるお客さんは少なくても、それが集まれば大きくなりますし、場所代や人件費もお互いにシェアし合える。それぞれの人が魅力を出し合えばバリエーション豊かなお店になると思います。誰かと一緒にやってコミュニケーションが取れ

るかとか、人によって違うでしょうけれど、私は暮らしのための本屋を考えた時に、こういう形にたどり着きました。仕事と体調を優先しながら、新しいことへの助走をつけられるような本屋です。

ここを始めたばかりなので、街になじんでいきたいです。街のゆるいつながり、街にはこういう人がいるんだと感じられる場所になったらいいのかな。

地域の人に来てもらいたいと思って、中学生に向けて読書感想文のイベントを企画したんです。ダイレクトメールを出したり、美容院さんに置いてもらったり、駅前の塾に告知しに行ったり、ローカルな告知をやったんですけれども見事に響かなくて、結局来てくれた人はSNSを見てくれてた人でした。

地域の人に来てもらうには、この本屋は入って大丈夫だと知ってもらわんとダメなんやなと思いました。

今は、この本屋を受け入れてくれている人に向けて発信を行って、それが結果的に地域の方に届いていったらいいなっていうのが課題と目標ですね。ここに来たらナニカがある、と思ってもらえる場所にしていきたいです」

[Shop Information]

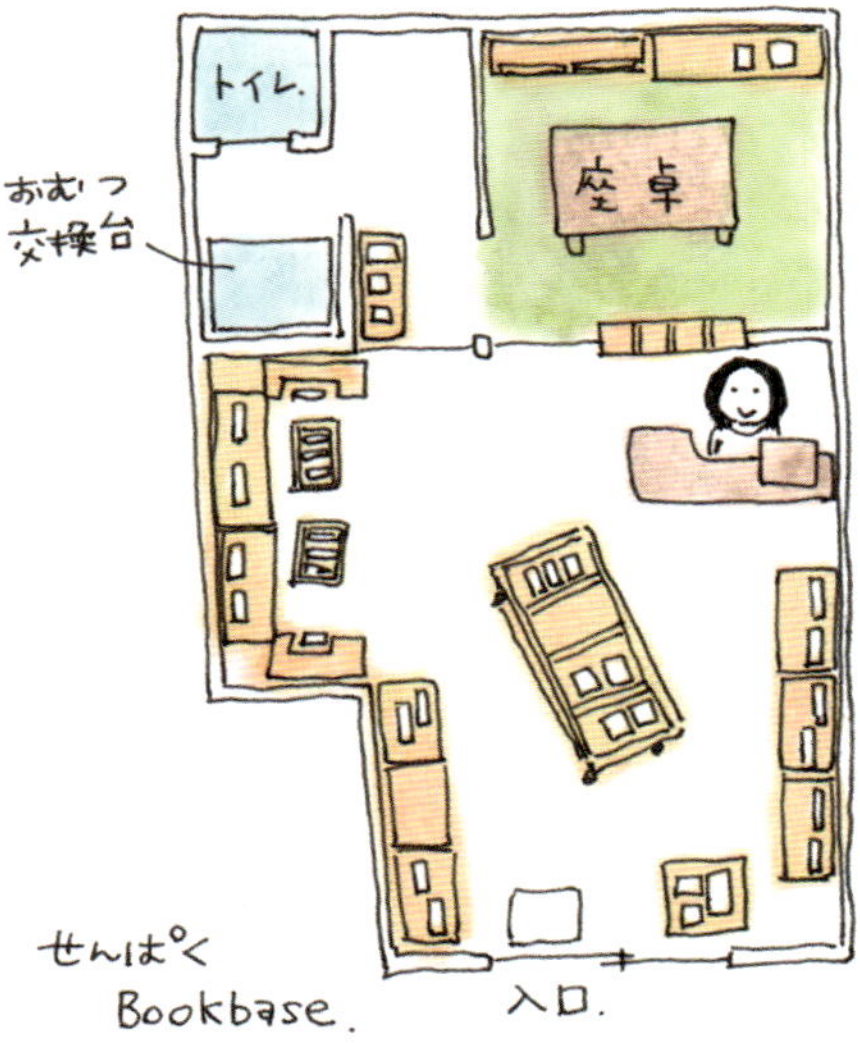

店名	せんぱくBookbase
店主	絵ノ本桃子（えのもと　ももこ）
住所	千葉県松戸市河原塚408-1 せんぱく工舎d号室
最寄駅	新八柱・八柱
HP	http://bookbase1089.fun/
営業時間	11-17時 夏営業あり
定休日	不定休
店舗面積	31.14平米
開店日	2018年6月1日
ジャンル	シェア本屋
蔵書数	約1500冊

中尾恵美
Emi Nakao
中尾友治
Tomoharu Nakao

熊本・阿蘇

ひなた文庫

山と川と星空と、ひなた文庫

「この場所に、本屋があってほしい」。そういう思いで始まったお店が熊本県南阿蘇にあります。ここ、ひなた文庫では、阿蘇五岳を中心に様々な山々と四季の変化を感じることができます。草木花の移ろいや蛍などの生き物の生活、満天の星空、そういった南阿蘇の自然に魅せられた夫婦が始めた書店です。

風土を理解し、その場所にしかない魅力を本屋を通じて人に届ける夫婦、友治さんと恵美さんのお二人にお話しをうかがいました。

読書体験を更新するアイディア

ひなた文庫は南阿蘇鉄道〈南阿蘇水の生まれる里白水高原駅〉の待合室にあり、お二人は本業の傍ら、金曜日と土曜日にお店を開けています。

「僕たちのひなた文庫がある熊本県南阿蘇は、阿蘇山の近くにあります。阿蘇山というのは総称的名称で、五つの山を囲むようにあるカルデラの中に本屋を開い

ているという状態です。周囲に山が常に見える感じ。僕たちがいる南側は都市開発されておらず、地域の人の農業や畜産がメインです。

僕は大学院を出て、その後すぐに地元の熊本南阿蘇に戻って来て、実家のたこ焼き屋を継ぐことになりました。今も週に五日は夫婦でたこ焼きを焼いています。本を扱う活動を考えるキッカケをくれたのは妻です」

「私は小さい頃から本が好きで、本だったらなんでも買ってくれる家庭で育ちました。大学生の頃、日経新聞のテクノルネサンス・ジャパンというアイディアコンテストがあって、そのテーマが本の未来を考えるというものだったんです。

参加したいなと思ったんですが、理系しかダメという決まりがあったので、脳科学を研究していた彼に協力してもらうことにしました。その時のアイディアは、読書中の脳波を分析して、映像として出力するというものです。もし現実となったら、学校の国語の授業の理解度の評価や読書そのもののコミュニケーションが変化するのではないかと予想しました。

それが、二人で本について考えることになったキッカケの一つですね。私は大学を卒業してから、本に関わる仕事がしたいと思っていたんです。それで出版関係の仕事や本屋で働いていたんですが、彼と一緒に熊本に行くことにしました。熊本に来る時にお義父さんから二人の好きな事業もやってもいいと言われていて、たこ焼き屋をやりながら本の仕事をする方法を見つけることを目標にしていました」

たこ焼き屋から始まった本屋

実家の稼業を継いだ二人は、同時に本屋を作る計画を進めます。他の本屋を参考にイメージを膨らませていきました。

「東京へ行く機会があって、妻と二人で本屋巡りをしたんですね。印象に残ったお店を話し合っていった結果、『本のある場所を目指そうよ』という風に決まりました。〈根津メトロ文庫〉を参考にしました。そこは本屋じゃないんですけど、ブックスタンドがあって地下鉄の利用者が自由に本を借りていける場所です。

僕たちのたこ焼き屋はドライブスルーで、注文したら駐車場で待ってもらって、車まで届けるスタイルをとっています。お客様のための休憩スペースがあってもいいのかなと思ってました。

そのスペースに棚を置いて、Octopus Books〈ひなた文庫〉という名前をつけたんです。そこからひなた文庫が始まりました。Octopus booksっていうのは二人のチームネームです。

しばらく続けていたのですが、寒い日はなかなか使ってもらえないし、この方式でずっと続けていくのは難しいなあと、物件探しを始めました。

南阿蘇鉄道っていうローカル線があるのですが、駅舎でカフェをやってる駅があって、面白いと思いました。もしかして、空いている駅があったら僕たちも店ができるんじゃないかと探して今の場所が見つかったんです」

「私たちの店がある〈南阿蘇水の生まれる里白水高原駅〉は日本一名前の長い駅で、観光客を集めるために作られた新しい駅なんです。駅長室もないし水場もない。カフェなどの飲食店を行うことが難しいので、他に借りる人がいなかったようです。駅舎を借りているお店は、駅舎の掃除や管理もしています」

ひなた文庫の始まり

出店の場所が決まった二人は稼業の傍ら、せどりで本を集めました。時間を見つけては地域の古本屋に行き、新しい店舗のイメージを膨らませていきます。

待ちに待ったオープンの日、駅舎に持ち込んだリンゴ箱に本を詰めひなた文庫の開店です。南阿蘇の自然に惚れ込んで始めた二人の店。開店祝いに訪れた人たちも、この場所を好きになっていきました。

「僕たちの友人である画家の手嶋勇気君がオープン記念の展示をやってくれて、ひなた文庫にふさわしい作品を用意してくれたんです。妊婦さんが座って本を読んでいる絵画なんですが、その動きがいろんな線で表現されているものでした。〝新たな始まり〟を予感させる作品です。

南阿蘇をとても気に入ってくれて、長期の滞在制作もしたいと相談してくれました。応援のために南阿蘇の風景を書いたポストカードを販売しています」

熊本地震の影響

２０１６年四月十四日、最大震度七を観測する地震が熊本で発生しました。各地で甚大な被害があり、２０１９年の現在も復旧活動を行っています。

「熊本地震があってからは、僕たちの自宅からひなた文庫まで、道が分断されてしまい一ヵ月間店に行くことすらできませんでした。とにかく何かやりたいと思って、たこ焼き屋に新しく小屋を作って本を置いたりもしました。H・A・Bさんの小屋BOOKSを知っていたので、ＤＩＹで自分でも作れるかもと思いました」

「だんだん復旧し、たこ焼き屋は再開したけれど本屋はできていない状況になった時に『日常を取り戻さなきゃ』という焦りが生まれました。お客さんのために開けるんじゃなくて、自分たちの日常を取り戻すためにひなた文庫を再開しなきゃと思っていました。

ようやく道が開通して行ってみると、近所の人が私たちに会いに来てくれて、お互いに『生きてて良かったね』って。感無量でした。

ひなた文庫のある〈南阿蘇水の生まれる里白水高原駅〉は、まだ鉄道が通ってないんです。２０１９年の今、復旧するのは数年後といわれています」

南阿蘇の四季を味わう

この土地の魅力的な自然を感じてもらいたい、その思いからひなた文庫では季節ごとにイベントを行っています。本屋で行われる著者イベントやブックフェアではなく、この土地でしか体験できない、南阿蘇の風景に寄り添った内容です。

「私たちはこの場所が好きになってひなた文庫を始めたので、自分たちの好きなことや自然の変化を感じられる内容を夫と二人で企画しました。

年の初めには書初めをやりました。私がずっと書道部で書道をやっていたので、年の初めには筆を持ちたいなと思って。四月には震災の追悼の意味を込めて、絵を手嶋くんにお願いしたり、鉄道写真家の方に南阿蘇鉄道の展示をしてもらったりしています。六月には、ホタルを見る会。近くの水源に住むカワニナを食べて育ったホタルが、夜になると一斉に舞いはじめます。同日に、ブックハンティングっていう暗闇の中で懐中電灯を持って本を探すイベントをやっています。みんなホタルに夢中ですけどね。

七月の終わりには本屋ミッドナイト。地震があった後に、鉄道も来なくなったし夜も静かで、自由にできるじゃないかと本屋業界の友人とか近所の人が集まるイベントを始めました。南阿蘇の隣にある高森町の天然ヒノキをつかった小物作りワークショップとか、トークショー、映画上映をしました。映画上映は、駐車場に屋根つきのスクリーンを夫がＤＩＹで作って、ちょっとした装飾をしたり照明をつけたり、手作りの装置を準備したんです。それに加えて朗読式もやっていて、出張絵本屋〈モフbooks〉の吉田さんにお願いしました。駅のホームにイスを並べると、背景に山々や星空が見えて、これは朗読会じゃなくて式だよねと。朗読会っていうとこじんまりした感じがするから、朗読式と名づけました。式次第を作って、開式宣言をして、休憩の何分間は沈黙してもらうとか、厳かに演出しました。日が暮れていく中、景色を楽しみながら朗読の世界観に浸る時間です。題材は宮沢賢治の『銀河

TICKET

鉄道の夜』で、熊本で出版活動をしている伽鹿舎さんが私たちの店用に本を作ってくれて、それに合わせて朗読の作品に選びました。秋にはおでん会。老舗の古本屋さんから、コンビニにあるおでんの機械を譲ってもらったんです。駅舎に隙間風が吹くので、寒くてお客さん来ないし、みんなで温まろうという会です」

南阿蘇で本屋をやる魅力

「ひなた文庫のあるような地域で働く魅力は、季節感を感じつつ、本との出会いを考えられることです。私は会社勤めをしていて、その時はビルの中にいる生活だったので四季の変化に気がつきませんでした。

鳥の鳴き声を聞いて図鑑を開いてみたり、嵐の日に蟹が避難してきたり。カエルもお店に来ます。

ここは駅ですから、交流の場所としての本屋を目指してます。旅行者と地元の人が話を始めてその中心に本があるのを見ると、やってて良かったなと思います。普通の本屋は話しかけたりしないじゃないですか」

「私たちがここを始める前に話していたのは、南阿蘇は良い場所だしここに住みたいけど、高齢者の人ばかりだから三十年後も村が続いていくために若い人が増えないといけないねということです。ひなた文庫に来てくれた人が、『風景がすごいなー』とか、『ここでなにか始めたいなー』とか、私たちと同じ気持ちになって、南阿蘇に住むキッカケを作りたいです」

ひなた文庫を支えるもの

ひなた文庫はせどりや買取で本を仕入れていますが、特別な方法で本を手に入れることも。二人の活動に興味をもった村の人々からの贈り物です。

「ひなた文庫の本は、寄付してくれた本がとっても多いんです。お店を開けようと駅に行った時に、本が置いてあることがあります。多分、村の人が寄付してくれてると思ってるんですけど、名前とかも書いてなくて、貴重な本とかもあったりするんですが、誰からなのかわからないからお礼の言いようもないんです。みんなの優しさで成り立っています」

[Shop Information]

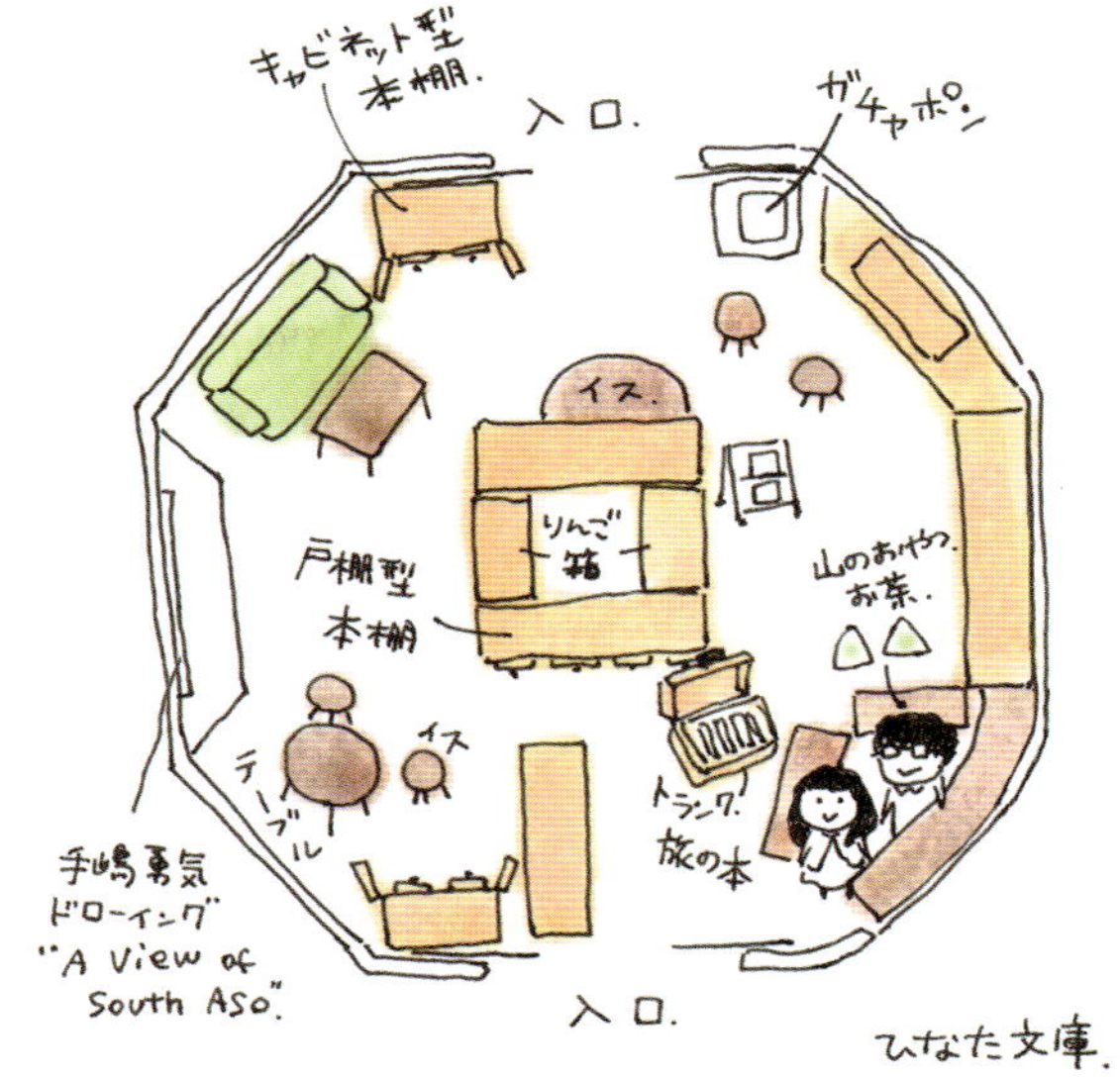

店名	ひなた文庫
店主	中尾友治（なかお　ともはる） 中尾恵美（なかお　えみ）
住所	熊本県阿蘇郡南阿蘇村中松1220-1
最寄駅	南阿蘇水の生まれる里白水高原
HP	http://www.hinatabunko.jp
営業時間	11-15時半
定休日	日曜～木曜
店舗面積	約26平米
開店日	2015年5月3日
ジャンル	古書／古本／新刊（一部）
蔵書数	約2000冊

東京・赤坂

双子のライオン堂

竹田信弥

Shinya Takeda

選書専門、双子のライオン堂

『自分の本屋をもちたい』とあなたが思ったその日から店に並べる本のことで頭の中がいっぱいになるはず。大好きな作家の本を並べたい、子どもたちのために絵本とマンガを置きたい、学生時代に必死になって読んだシェイクスピア全集を揃えたい。棚に置きたい本のアイディアは無限に湧いてくることでしょう。

一般に新刊書店の本棚は、売上などのデータを中心にスタッフの意見を加えて作られています。

ここ、双子のライオン堂では少々風変わりな方法で店頭に並べる本を決めています。

本棚には作家や研究者、ライターなどの名前が書かれた「木札」が置いてあり、古典文学や哲学書、漫画、新書といった様々な本が混ざり合っています。本の並びは、小説や雑誌などのジャンルごとに分かれているわけではありません。

店主の竹田信弥さんが本棚を説明してくれました。

「一〇〇年後にも残る良い本を並べたいと思い、本が大好きな人たちにオススメを聞いて置いています。名前の彫られた木札の隣にあるのは、その人が影響を受けた本や参考にした本です。人の本棚をのぞき見するみたいでワクワクしませんか？」

双子のライオン堂は、専門家の選んだ本を紹介する選書専門店として赤坂に店をかまえています。

どうぞ〈本の扉〉をめくってください

東京都港区赤坂は、ＴＢＳの放送局や赤坂サカス、高級料亭があるにぎやかな街です。一方で、日枝神社などの寺社や公園があり、住宅街もある穏やかな地域でもあります。

駅前大通りから路地に入り、五分ほど歩くと住宅地の一角に青緑色の横幅広い大きな扉が見えてきます。双子のライオン堂書店の入り口は本の形をイメージして作られました。扉を開くと本の表紙をめくって作品の世界に入るような気分が味わえます。

玄関から、靴を脱いで店に入り、スリッパに履き替えてぺたぺたと本棚の間を進むと、奥にギャラリーが。本の挿絵に使われた原画の展示やブックフェアが開催されていました。本の感想を話し合う読書会や作家によるトークイベントも行われるそうです。

本
双子のライオン堂
OPEN
営業中

書評大全
連続する問題

始まりは高校生ネット本屋から

双子のライオン堂書店を始めたキッカケと新刊本を仕入れて開店するまでを竹田さんに聞きました。

「この書店の始まりは二つあります。一つはオンライン古書店時代。もう一つは、リアル店舗時代。

オンライン古書店は、高校二年生の冬に始めました。部活もやめてしまい、学校もつまらなくて。オンライン古書店のプチブームになっていたので、先人たちのサイトを参考に見様見真似で作りました。自分の読み終わった本を売るところから始めました。

もう一つの始まりは実店舗の計画を立てたことです。社会人二年目に転職をした会社の居心地が悪く、半年経たずにやめ、オンライン古書店を本格的にやりたいと思いました。それと同時に、店舗の場所を貸してくれる人に出会ったんです。最初は在庫用倉庫のつもりだったんですが、その方の後押しもあり、実店舗を始めることに。2013年春に開店しました」

人生でつらいことがあった時、自分を支えてくれたのは本屋をやってみるというアイディアでした。

竹田さんは実店舗開業までの半年間、書店に関係するイベントへ行って本屋について学び、本屋つながりの仲間を増やしていきます。

京都造形大学主催、鈴木芳雄さん司会の「いつか自分だけの本屋を持つのもいい」講座に集まった人々の言葉が開店に向けての大きな後押しとなりました。

「講座への参加をキッカケに、本屋ウォッチャーという方に出会いました。三十年以上前から本屋さんについての記事を書き、普段は会社員として働いています。彼の飲み会に出席するようになりました。そこには出版社や本屋さんの先輩、本屋が好きな人などが来ていて、色々な人たちが僕の考えているお店のアイディアを聞いてくれました。アドバイスをもらったり、新刊書店が少なくなっていることを教えてもらったりしました。そこで『新しい本屋を始めるならコンセプトが必要、お店のキャッチフレーズが大事だ』という意見を聞きました」

独学で始めたネット古書店時代とは違い、様々な人の意見を聞きながら店のイメージを固めていきます。本屋が好きな人たちとの交流を通じて、コンセプトを重視した新刊書店を作ることに決めた竹田さん。今までは古本を売っていましたが、新刊本を売るのは初めての経験です。

「まず、新刊本の仕入れをどうするか考えました。大手の取次に電話すると店の広さと貯金を聞かれます。正直に、貯金はありませんと答えたら断られ、途方に暮れました。とにかく情報がほしくてネットで検索している時に、神田村のことを知ります。神田村というのは東京神保町にある小さな取次が集まる一帯です。

神田村の窓口の弘成堂図書販売に行くと社長さんが、とても親切に相談に乗ってくれました。ネット古本屋での経験や本を一〇〇年残すことについての重要性などを話して、長く続けられるように兼業本屋を考えていることを語りました。『買い切りになるけどいいかな?』と社長さんが応えてくれました。僕のように本屋を始めたい人が相談に来ても、短期間でやめてしまうことが多いから『続けてほしい』と言われました」

文京区白山でスタート、赤坂の街へ移転

新刊本の仕入れ先も決まり、熱意と行動力で準備を進めてきた実店舗がスタート。本屋のコンセプトは選書専門店に決めました。竹田さんが文学青年だった頃、質問をするわけでもないのに先生を訪ね、研修室で本の話をしていました。いつも快く迎え入れてくれた先生の本棚の面白さを伝えたいと思ったそうです。最初の選書は恩師などにお願いしました。

しかし、店を始めた竹田さんには困ったことが……。お客さんの数が伸びません。リピーターを増やすためにはどうすれば、と悩みます。とあることをキッカケに、店に来てくれる人が増えたそうです。

「週に二日だけ営業するお店として、東京都文京区白山の小さな店舗で始めました。最初は友人とか本屋が好きな人たちが来てくれていたのですが、一ヶ月もすると少なくなってしまいました。

そんな時にお客さんがイベント会場として使ってくれたんです。当時、イベントをやっている本屋やカフェが開店していました。僕自身そういう場所に行っ

原民喜
雪の階

原発広告
原発とメディア
日本

て友達ができた経験があり、いろんな人が集まれる場作りが大切だなと思っていました。そのことが倉庫ではなく実店舗にした理由でもあったので、イベントを企画してくれたことは嬉しかったです。実際にやってみると、お客さんが来てくれるようになりました。

本の感想を話し合う読書会も始めたのですが、最初の頃は読書会に興味をもてなかったんです。僕は人見知りで、知らない人と読書会なんてと思っていました。それでもお客さんが主催となってくれて、これをキッカケにたくさんのイベントが作れるようになりました。その読書会は今でも続いています。

お客さんの主催だけでなく、編集者の仲俣暁生さんと雑誌を作るゼミを開いたり、交流のある小説家さんのトークイベントを行ったり、本屋入門というイベントを本屋紹介ブログBOOKSHOP LOVERを運営している和氣正幸さんと共同で企画しました。

世の中で注目されていない、良い本っていっぱいありますよね。読書会とか、ライオン堂のイベントでたくさん取り上げたいんです。その活動は小さい輪っかみたいなものかもしれないけど、それを広げていって、こういうことが増えたらいいなと思っています」

双子のライオン堂を動かす力は、竹田さんの行動力だけではありません。周りに集う人たちも大きな力になっています。白山の店を貸してくれた知人、京都造形大学で出会った本屋好きな人たち、神田村で語り合った社長、選書を引き受けてくれた大学の恩師、イベントを企画してくれたお客さん。この人たちは、なぜ力を貸してくれたのでしょう。その理由は、思わず手を差し伸べたくなる人柄にあるのかもしれません。

竹田さんは、様々な人と一緒に店を続けています。そんな、つい気になってしまう店主のいる双子のライオン堂に変化が訪れます。

2016年、白山のオーナーから継続について相談を受け、移転をすることに決めました。自宅に近く、仕入れ先に近く、兼業の職場にも近い生活圏にある土地を条件に探し、赤坂の店舗に出会います。

「移転予算を考えた時に一〇〇年続けることを前提にしました。家賃を一〇〇年間払うと考えて、ローンを組んで購入することを決めました。

扉のデザインを工夫して、本の形にしました。自分でイメージを書いて、作ってもらったんです。

当店は靴を脱いで入ってもらうことにしました。家のように、リラックスしてほしいと思っています。お客さんは入り口でためらうこともありますが、一度店に入ると長時間利用してくれます。ゆっくり本棚を見てくれると、本を買っていただけることが多いです。

店の場所は変わりましたが、一〇〇年後まで続けていくつもりです。僕だけでは到達できませんから、次の世代に本屋を繋いでいきたいです。本屋はそれぞれの書店の魅力だけじゃなく、本屋全体の良さがあると思うんです。今の僕には言葉にできませんけど。一〇〇年先にも本屋が残っていれば、誰かがそれを表す言葉を見つけてくれて、みんなに本屋の良さが伝わるかもしれない。だから一〇〇年を目標にしているんです」

これから本屋を始める人たちへ

「本屋は形態を問わなければ、一歩目を踏み出すハードルが低いと思います。最近は新刊本の仕入れがしやすくなり、取次を活用するだけでなく版元直接仕入れも増えてきました。ひと箱古本市や知人のカフェ、ネット書店などから始めることは難しくないです。

僕は、アルバイトをしながら本屋を運営しています。書店の売上で店舗を維持し、アルバイトで生活費を稼いでいる状況です。こういう働き方だと本屋にもっと力を注ぎたいと思うこともありますが、兼業だからこそ新たな視点で、自分の店について考えることもできます。

本屋を始めたいと思っている人は、色々な本屋に行きましょう。好きなところを見つけて、それぞれの良さを組み合わせれば自分の店のイメージが膨らみます。勉強のつもりで行くんじゃなくて、お客さんとして入ると好きなところが見つかりますよ。本屋は儲かる商売ではないので、特に好きという気持ちが大切です。『外車に乗りたいと思って始める仕事じゃない、そういう人は新刊本屋はやめておいたほうがいいよ！』神田村でそんな冗談を聞きました」

[Shop Information]

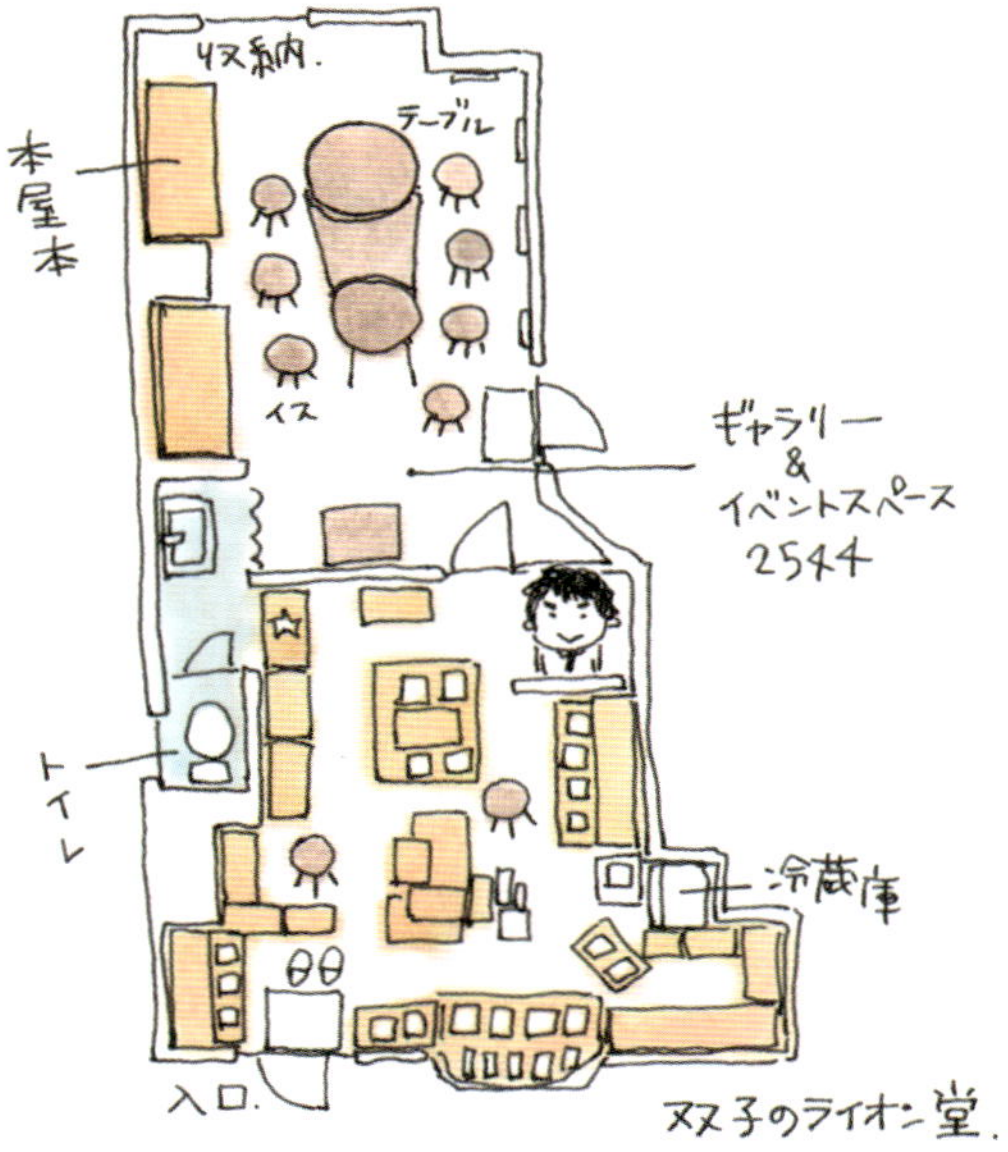

店名	双子のライオン堂
店主	竹田信弥（たけだ　しんや）
住所	東京都港区赤坂6-5-21-101
最寄駅	赤坂・赤坂見附・六本木
HP	http://liondo.jp
営業時間	15-21時
定休日	日曜～火曜
店舗面積	約33平米
開店日	2013年4月27日（白山店） 2015年10月9日（赤坂移転）
ジャンル	新刊／古書／選書専門店／読書会
蔵書数	約3600冊

Column — 5

Takamitsu Yamamoto

身の丈のここちよさ

山本貴光

書店の好きな点は数あれど、なによりかにより限りのあるところがよい。いくら広い書店でも空間には限りがある（バベルの図書館ならいざ知らず）。空間に限りがあるということは、そこに置かれる書棚の数も限られる。書棚の数に限りがあるということは、置かれる本にも上限がある。

それがどうしたのか。限られた空間に限られた書棚があって限られた本が並ぶ。当たり前ではないか。そう、だがこの当たり前がうれしくありがたい。

例えば、私は目下、自分のコンピュータに一万冊ほどの電子化した本や雑誌を入れてある。これはこれで至極便利だ。iPadを携えていれば、いつでもどこでもこの蔵書にアクセスできるから。ただし、いいことばかりではない。ファイルもこの量になると、いささか扱いに困る。

なにしろコンピュータの画面で一万ファイルを並べて見るのはつらい。文字通り「窓」を通じて向こう側に広がって並んでいるはずの全ファイルの一部を、そのつどちまちま眺めることになる。検索を駆使するといっても限度がある。自分のコンピュータだけでもこうである。ネットまで考えたらなにをかいわんや。

本はどうか。一万冊というと多く感じるかもしれない。でも、実際書棚に並べてみると、本のサイズにもよるけれど、何度か眺めているうちに、やがてどこになにがあるかも把握できる量である。一言でいえば、人間の身の丈に合っている感じがする。

書店は、毎年七万点以上刊行されている新刊書や、七〇万とも八〇万点とも言われる既存の流通書目のなかから、なんらかの取捨選択をして限りある棚をつくっている。そして、この取捨選択には、棚をつくる人の選書の目利きや好みその他の諸事情が反映されている。

書棚とは庭のようなものだ。庭のどこになにを植えるか、どんな植物を隣り合わせるか、季節によってどう変わるか。そこには、手を入れる人のものの見方が如実にあらわれる。よく世話されている庭もあれば、人気や流行によってつくられる庭もあれば、荒れ放題の庭もある。言葉を選ばずに言えば、それぞれに偏りがある（なにしろ厖大なものから選んでいるので）。そしてそれでよい。

限りある空間に選ばれた植物がある。訪れた私はその様子を眺めて、「ああ、いい庭だ」と感じたり、「これを植えるなら、あれもあっていいかも」「また見に来よう」と考えたりする。それもこれも、限りがあればこそ。それは人間の身体や認知能力にとってちょうどよい、身の丈にあったしつらえなんである。

雰囲気で察してください

松井祐輔

Column — 6
Yusuke Matsui

「どんな本を置いているんですか?」という質問は常に困る。一言で答えられるなら、そもそも本屋なんかやっていない。

　気持ちはわかる。たとえば取材で、決められた誌面、文字数の中で、本屋の特徴を端的に伝えるのは品揃えに違いない。一言で伝えたい、いい塩梅のキャッチがほしい。その気持ちはわかるので、なんとか、なにかお伝えしようと思うのだけれど、「ええっと、なんか、いい感じの、装丁とか、著者とか、あの、雰囲気で!」みたいな答え方になってしまって、お互いが途方に暮れる。本とは、今となっては冗長で、悠長なものなのだと思う。みんなTwitterで、ブログで、リアルタイムに感情を発信しているし、出来事はすぐにニュースとなって世の中に拡散される。その中で、最低でも二万文字くらいから、でないとまとまらないパッケージ。一冊読むのだって、早くて一時間。長いときは一ヶ月、一年と向き合う文字の連なり。

　実際のところ、本屋というのは「読んでいない本」を売る商売でもある。何千、何万冊の在庫を全部読んだことのある本だけで構成するのは(一部の超人を除いて)不可能で、仕入れには背表紙や奥付を「読む」能力が求められる。だいたいは、この出版社の、この著者の、こういうテーマの、といったところを総合して仕入れるかどうか、どこの棚に並べるかどうか、を決めている。その決定には、過去作がどれだけ売れてどんな傾向だったか、という統計的な紐づけもあれば、なんか良さそう、という感覚的なものもある。この、なんか良さそう、はその本をきっかけにして関連書を調べていくと新しい世界が広がっていたりして、ひとつのフェアにつながることもある。フェアのあとも継続して棚に本を残していった結果、いつの間にか常設棚のテーマになっていることもある。生活が変化したので、選ぶ本の傾向も変わってきました、ということもよくある。例えば引っ越した、結婚した、いとこが子どもを生んだ、病気をした。もっと短絡的に、初めて行った台湾が楽しかった、今コーヒーにハマっている。そういうことで本棚は変わる。

　冒頭の質問に戻ると、長く店を続けていく中で、そうしてできた地層が本屋の棚で、その年代も構成も異なる一つの地層を横から見て、「一言で!」とコメントを求められるようなもので、語るには時間がかかりすぎるのだ。それは歴史で、その時間こそが本棚の、本の価値であると信じているから、本屋をしているわけでもあって、だから、どんな本を置いているか、は実際に見てもらうしかない。それであなたが感じることが、その本屋のすべてだろう、と思っている。

安村正也

Masaya Yasumura

東京・世田谷

Cat's Meow Books

Cat's Meow Books

猫のいる部屋
Love Customizer 2

好きなものを掛け算、Cat's Meow Books

〝変わった本〟というものがあります。日常会話ではタブーとされるテーマを扱っていたり、独特の文体で書かれていたり、特別な装飾が施されていたり。

この本を読んでいるあなたならば、人生のどこかで変わった本に心奪われたことがあるのではないでしょうか。

Cat's Meow Books（以下、キャッツミャウ）の店主安村さんは変わった本のような人です。

この本屋を紹介した本が出ています。『夢の猫本屋ができるまで』（井上理津子、安村正也、ホーム社）

一つの本屋が立ち上がるまでの過程が読みやすく書かれた素晴らしい本なのですが、私には文句がありま す。それは、帯に書かれたキャッチコピーです。

「普通の中年会社員が〈本×猫〉のアイディアで夢を叶えた方法とは」

安村さんは、「普通」ではありません！　風変わりな彼の魅力をお伝えしていこうと思います。

ビブリオバトルで友達作り

お店を開く前、安村さんは余暇の時間を使い、とある活動をしていました。複数人で本を紹介し合い、観覧者がどの本が読みたくなったかを競い合う「ビブリオバトル」です。安村さんは最も読みたくなった本に送られる称号「チャンプ本」を幾度も獲得しました。

「読書は孤独な体験で、自分の中に蓄積していく行為だと思います。そうやって溜めたものをビブリオバトルで表現していきます。初めて出会った人同士でも本を紹介すると人となりがわかる。紹介されている本だけじゃなくて、しゃべっている人も面白いんです。

実は、ビブリオバトルの後の飲み会を楽しみにしていつも参加していました。自分の紹介した本が一番になると、打ち上げの席で〝チャンプ本を取った安村〟ということで初対面の人が話しかけてくれるし、こっちも話しかけやすい。その体験があったからハマっていったんです。僕がビブリオバトルに出ていた当時は、まだまだマイナーな遊びだったので楽しかったですね。メジャーになると自分の役目は終わったのかなと」

猫の本しかない!

ビブリオバトルに毎月のように出場していた安村さん。紹介する本は、なかなか手に取らないタイトルばかりでした。風変わりな本を紹介するビブリオバトルのチャンピオンがスタートさせたお店は、猫の本しか置いていない、猫が店員を務める猫本屋さんでした。

「本屋を始めようと思った時、本屋と何かを掛け算しようと考えました。結局、猫本屋に落ち着きました。在庫すべてを猫本にするアイディアは、B&Bを経営している内沼さんのアドバイスからです。

猫と一緒にいる空間を作ろうと思ったのは、猫が僕にとって当たり前にいる存在だったからです。子どもの頃から飼っていて、取り立てて特別な存在ではなくて、共存の対象。もし、ハムスターを飼ってたら、ずっとハムスターと一緒にいたと思います。

最初は、猫がいるところに入場料的なものを払うとか、本を三千円ぐらい買ったら、猫のいるスペースに入れるとかアイディアがあったんですが、それやっちゃうと猫カフェになるのでやめました。これは『本を買うと占いがタダになる』みたいな占い本屋の話を人から聞いて思いついたものです。

僕が紹介したい、売りたい本だけを置いたら絶対売れないと思います。死に関する本屋とか出しても絶対に売れない。大学時代に興味のあったものだけで棚を作っても人は集まらない。大学ではルイ・アルチュセールをテーマにしていました。その頃、構造主義の本ばっかり読んでいたから哲学思想を読むようになったんです。プラトンが好きで読んでいて、〝自分〟って何だろうとか、そういうことを哲学で考えるのが楽しかった。当時ニュースで、盲目の方が手術で治る可能性があるというのを見て『Stevie Wonderの目が、見えるようになったら同じ曲を書くのか』と気になったり、プラトンの『パイドン』を読んで形而上学の愛だの美だのってそんなことばかり考えたりしていましたね。

今は〝猫〟というテーマを置いたことで、みなさんの入りやすい、汎用性のある課題を与えられている状態なんです。ビブリオバトルでも、〝テーマなし〟というのが一番難しい。猫本という条件で、定番の本も置くけども、そこに変な本を混ぜ込むことに喜びを感じてます。大事なポイントは『わかりやすさを加えなきゃいけないよ』って誰かに言われている状態で選ぶ、ということですかね。

猫の本だけしか置かないという選択をすると、いつも何かを壊さなきゃいけないなと思います。棚の流動性は他の本屋さんに比べてかなり少ないですから」

新参者の集まる街、世田谷

キャッツミャウは、住宅街の中に店を構える本屋です。アクセスに便利なのは東急世田谷線。三軒茶屋駅から下高井戸駅までの五キロを往復する路面電車。最寄り駅に降りると周囲に商店はほとんどありません。大きな道を横目に、先の見えない路地を進むと猫の書かれた看板を見つけることができます。人々の暮らしの中にある本屋さん。決して目立たないこの場所に決めるまで、安村さんは大いに悩みました。

「ここに決めたのは三面採光で、猫たちも気に入ってくれると思ったからです。あまりにも住宅街で、あまりにも人通りがないので一度断ろうとしました。でも、この建物を正面から見た時の顔が気に入ってここにしようかなと決めましたが、やっぱりいざお金を払う段階になるとまた躊躇しました。

最初は、会社員をやめようと思って、それがモチベーションで店の計画を立てていたのですが、ローンがかさんでやめられない状況になっちゃいましたね。

この街を選んだのは、世田谷は外から来た人たち、が集まっている街だと思ったからです。自分も東京の人じゃありません。深い関わりをもたず、表層的にはおしゃれに暮らしているというバランスが良かった。

店を始める時に隣近所に入っていって、ご挨拶しなきゃいけないっていうのは嫌なんです。店主が隣近所と密接な関わりがあって、初めてお客さんが来るような店にしたくなかったし、すでに本屋さんのネットワークができているところは避けていました。

キャッツミャウは、実店舗をもっているからこそ魅力を出せているのだと思います。猫がいて猫本だけにこだわっている、この場所があるから、どこで手に入れても同じ内容の本をお客さんが買ってくれています。その付加価値は、オリジナルのブックカバーとか猫の毛が挟まっていることかもしれない。そうじゃないと売れないなという弱みも感じています。今はどこかのイベントから出展の依頼があっても、お断りすることが多いです。

本当は外に出て、このお店の名前で猫の本を売れるくらいのちゃんとした力をつけなきゃいけないなという風に思っているんですが」

小さい本屋さんとパートナー

キャッツミャウは、夫婦で店を作っています。

当初は一人ですべてを行おうと考えていた安村さんですが、猫のお世話や売上、営業日数など現実的には一人で行うことは難しいことに気がつきます。二人でこの店を続けていくためにはどのような工夫が必要か、小さな本屋の魅力について安村さんは考えます。

「自分も妻も五十歳になるモヤモヤみたいな気持ちをもっていて、将来の目標もないままでいいのかなって。彼女の切り替えたい人生のタイミングも重なって、一緒に店に立ってもらうことになりました。じゃあどうしよう、という相談はしてなくて、自然とそういう形になりました。本屋さんをやろうと思ったらパートナーとか相棒がいないと無理ですね。

妻と始めたこの店に置いてある本は、二千五百タイトルくらいです。これでもお客さんは全部見きれないということがわかってきました。常連のお客さんでも、開店当時から置いている本を手に取って、こんな本ありましたっけ？ と聞かれることがあります。これくらいの規模でも、探す楽しみを提供できるんですね。

僕たちみたいな在庫数の少ない本屋は、チェーン店の大きい店とは役割が違う。ナショナルチェーンは見本としてあって、僕たちは僕たちなりの価値を提供すればいい。京都にあるホホホ座の山下さんが、ご自分の店はお土産屋だと言っていました。中身はどこで買っても同じ饅頭だけれど、包装がちがう、買った場所が違うって感じ。小さいけど楽しみがあるお土産屋みたいな本屋が増えて、ツアーとかできたらいいなと思ってます。近所づき合いが嫌だって言ってるのに、連携したら良いというのは、どっちだよっていう話なんですけれども、僕の中ではビブリオバトルで経験した時の感覚に近いんです。まず単体で何か名を成して、それから話にいく。まず土台を作ります。ビブリオバ

トルだと、チャンプ本の称号を得て、発言力をもって、それから友達を増やしていける。それを店としても意識してます。いきなり大きいことをやっても、『なんだあいつ?』って思われちゃうんでそこは慎重です。プライドが高いんで傷つきたくないんです」

これから本屋を始める人たちへ

「本屋をやろうと思ったら、まず屋号とロゴを決めて名刺を作りましょう。

　僕がすごく実感したのは、ただの会社員の時に本屋講座とかの講師の方に、『本屋やりたい！』と言っても誰も覚えてくれない。一方で、同じ受講生の取次の人だったり書店員だったりという現場の人とは話が盛り上がっている。業界の人は、外部の人に対して、そんなに優しくないなと思いました。でも、ロゴや屋号も決めて名刺をもった瞬間に本気度が伝わるんです。これがなかったら僕はここまで来ていない。

　キッカケは人によって違うんでしょうけれど、どこで自分のやりたいことを他人に言えるか、その自信をもてるか、それが僕にとっては屋号とロゴだったんでしょうね。

　こういうことを始める時には出会いも重要なんですよね。人生の岐路っていうか、運命っていうか、スピリチュアルな話はしたくないんですけれども、でもそういうタイミングって絶対あって、五年前だったらこの本屋できてないと思うんですよ。五十歳のモヤモヤがあった時に、たまたまナカムラクニオさんの本を見て、彼にロゴを作ってもらって、出会いがあって背中を押された。

　本当に本屋をやりたいと思っても、今やっていいタイミングかどうか、冷静になって考えた方がいい。屋号が決まらなかったり、自分の中で思う方向になかなか進まない間は、『やるな』ということだと思います。誰かが止めてくれてるってポジティブに解釈して、タイミングを待つことも必要ですね」

[Shop Information]

店名	Cat's Meow Books
店主	安村正也（やすむら　まさや）
住所	東京都世田谷区若林1-6-15
最寄駅	西太子堂
HP	https://twitter.com/CatsMeowBooks
営業時間	14-22時頃（日祝20時頃）
定休日	火曜
店舗面積	約32平米
開店日	2017年8月8日（世界猫の日）
ジャンル	新刊／古本／猫本専門店／猫が店員
蔵書数	約3000冊

松井祐輔
Yusuke Natsui

東京・蔵前

H.A.Bookstore

STRONG GARAGE
STRONG GARAGE

全部やる、H.A.Bookstore

本に関わるあらゆる仕事を一人でこなす男、松井さんはH.A.Bookstore（以下、H.A.B）という本屋を開いています。ライター、取次、出版社、本屋、本の制作から流通・販売までを一手に担うH.A.Bがやっていないことといったら、製紙と印刷、製本、校閲くらいでしょう。たった一人で、あらゆる分野へ取り組んでいる松井さんにお話しをうかがいました。

本屋の言葉を残す

H.A.Bの原点は「人」と「本屋」のインタビュー誌『HAB』を自費出版で作ったこと。本屋に関わる人の言葉をすべて文字にするというコンセプトのもと、書店員さんやローカルマガジンの関係者ら様々な人の言葉を取り上げ、雑誌の本屋特集にあるワンフレーズの紹介では伝えられない魅力を伝えるために長文のインタビューを載せています。松井さんが本屋本を作り、自分のお店をもつまでの過程には、本屋がなくなる時代の流れに逆らおうとする強い意志がありました。

「大学生のころはディズニーランドとブックオフで働いていました。ディズニーは家から近くて安定してそうだったから、その反動がブックオフだったのかな。もともと本は好きでした。でも、そんなに難しい本とかは読んでいなくて、小学校はヤングアダルト小説から、授業の影響で歴史小説。中高校生の頃にはライトノベルで、角川スニーカー文庫『ロードス島戦記』とかハマっていました。その影響で、ファンタジー小説とかも書いてましたね。

就活で取次という仕事を知って、『たくさんの本屋に関わって色んな売り場を見ることができるかな』と思って就職しました。当時総合取次といわれてる会社が六社ぐらいあって、そのうちの一つです。総合取次というのは、そこに本を頼めばだいたいの本は手に入るという網羅的に商品を扱っている大きな取次ですね。その会社に六年間勤めてやめました。会社はやめたんですけれど、取次の仕事は好きでずっと本に関わっていきたいという気持ちはありました。

やめてからは一年半くらい無職で暮らして、主にラブライブ！　にハマっていました。いや、でもちゃんと本屋の仕事もしていましたよ。

取次にいた頃から、ビールとイベントが楽しめる新刊書店B&Bができてインターンを募集していたので、毎週日曜日に手伝いに行っていました。取次の社内の仕事だけしていたら、本当の本屋のこともわからないし、取次の仕事自体もどんどんダメになる、と思ったんです。B&Bのインターンに行って良かったのは『世の中こんなに知らない本があるんだ』とわかったことです。取次にいた頃は、書籍新刊の仕入れを担当していたので、取次が扱う書籍は全部見ていたんですね。データ登録も含めれば、本当に〝全部〟見ていたと思います。それでもB&Bで初めて知った本がたくさんあって。個人が作るZINEとか、一般流通しない本に触れられて新鮮でした。

同時期に『HAB』を作る準備を始めました。参考にしたのはKAI-YOUの『ミニコミ2.0』とナカムラケンタさんの『シゴトヒト文庫』です。

『シゴトヒト文庫』には、出版社が出さなくても想いのある良い本が個人でも作れるじゃんっていうようなことを書いてあって、制作費用はこれくらいとか編集作業を行うInDesignソフトを使って作るとか、ISBNコードの取り方とか書いてあって、それを参

考に作りました」

本屋がどんどん潰れていく時代

松井さんが書籍を作るために参考としたナカムラケンタさんは、本屋を始めるキッカケになっています。ナカムラさんが経営する求人サイト「日本仕事百貨」の拠点リトルトーキョーを手伝いに行ったことから新しい本屋、小屋BOOKSが生まれました。

「その当時、施設リノベーションのボランティア募集という話を聞いて、リトルトーキョーへ手伝いに行ったんですよ。そうしたら、半月後に仮オープンのはずなのに、素人目に見ても『絶対にこれは完成しないぞ』ということがわかって、仕事をしてなくて超暇だったので毎日手伝いに行くようになりました。

オープンしてからも通っていたんですが、リノベーションで苦労して作った小屋が、しばらく物置みたいになってるのを見つけました。フリマとかで使うつもりだったみたいなんですが、当面の予定がなかったんで、ずるずると物置に。

これは何とかせねばと思い『僕、本屋できるんですけれど、本屋にしていいですかね』って聞いたら、じゃあ正式に本屋作りましょうという話になりました。

当時は、本屋の状況が今とはちょっと違っていて『本が売れない。本屋は潰れる。大型書店だけ生き残る。小さい本屋なんて誰も始められない』というのがメインストリーム。僕は取次にいたので、神田村とかの小取次を活用すればできるでしょと思いました。誰もできないよね、みたいな業界の雰囲気にムカついたので、じゃあ自分で作ればいいじゃんと考えて反骨心で始めましたね」

小屋ブックスから蔵前の書店H.A.Bへ

松井さんは、たった一坪の小屋で本屋を始めることになりました。限られたスペースで、リトルトーキョーの「いろんな仕事にチャレンジできる場所」というコンセプトに合わせた本を並べることにします。

「小屋BOOKSのキャッチコピーは、働き方の総合書店です。仕事本オンリー、九割新刊の構成でした。

最初は一坪しかなくて、この広さで販売しても僕が生きていける利益は出ません。なので無人の本屋にして、併設のカフェの方に会計をお願いしたんです。利益折半でいいので店番してください、週に一、二回は補充に来ますね、と言いました。

小屋BOOKSは一年半くらいやっていたんですが、リトルトーキョーが移転することになりお店を続けられなくなりました。僕が本屋を減らすわけにはいかない、と思ってどこか物件を借りることに決めました」

職業：本屋、趣味：本屋

新しい本屋を開店する頃、松井さんは出版社で働くようになっていました。平日に出版社、週に二回B&Bで店番、土日はH.A.Bを開けるというハードスケジュール。その後に出版社をやめ、B&Bを共同経営するnumabooksで働くようになります。松井さんの生活は本屋一色。本屋が好きすぎて、生活のほとんどの時間を本屋で過ごすようになります。

「新しい本屋H.A.Bは、土日祝日だけ営業するお店にしました。無理して週六日続けるくらいだったら、できる範囲でやろうと思って。

土日しか開けないってなると売上は少ない。だから まず、今の収入のままでもギリギリ生活できる金額を家賃の上限に設定して探しました。すでに『HAB』を出版していたので物件を倉庫としても活用することにして、その売上も合わせて利益を家賃くらいにするのが目標。それなら最低限続けられるじゃないですか。店の場所も、日常的に出入りしやすいように職場か自宅の近くで探しました」

取次としてのH.A.B

松井さんの本に関わる活動は、取次の業務にも及んでいます。小屋BOOKSを始める前から、今に至るまで良い本と本屋を繋ぐための取次を続けています。

「小規模だけど良い本を作った人たちが、売り方がわからなくて、手売りとWEBショップで苦労して売っている、という状況がもったいないなと思っていました。それでもともと取次で働いていて、流通の仕組みには詳しかったので、僕が手伝いましょうか、と。

取次は楽しいんですけど、僕がやっている活動で、一番儲かりにくいところです。手間ばかりかかって、利益率が低い。そもそも薄利多売の商売で、大量に扱わないと利益が出ないんですが、でも必要だと思うから、多少赤字でも続けたいんです。

本屋と出版と取次、三つを同時に行う相乗効果もあります。まず他の取次本をキッカケに、自社本を卸せること。自社出版は利益率も高いのでかなり助かります。『HAB』は半分以上、直接卸して売ってもらいました。倉庫と店を同じ物件で共有できるので、倉庫経費も抑えられます。商品を増やしたいんですが、なんでも受け入れたい、というわけでもなくて。今後の課題です」

少しでも多くの人に本屋を届ける

松井さんが自分で本屋を始め、本屋の情報を伝えるための本『HAB』を作り、誰にでも使える取次を続けているのは、本屋を増やすためです。

「最近は、僕が小屋BOOKSを始めた頃と違って実店舗のある本屋を出す人が増えて嬉しいなと思います。

　自分の住む街に本屋がなかったら、その人は一生本を買わないかもしれない。様々な本が並ぶ棚から、たった一冊の本と出会い、自分のお金で買うという体験を知らないままかもしれない。本屋に限らず、本棚があって本を売ってる店が通学路にあれば、小学校六年間で一回くらい入るんじゃないかな。そういう出会い、色々な本が一覧で見れて、それを買えるという状況がなくなったら、この世の本は死ぬと思ってるんです。

　だから、プレイヤーが増えるのは嬉しいです。ただ、店主の趣味が過剰に出る店が実は苦手で、僕は街を歩いている時に、ここ本屋はあるのかな？　ここに本屋作れるかな？　って考えちゃうんです。それは本屋は街とつながるものだから。僕がもし小学校の前で本屋をやるんだったら『レタスクラブ』とか『こどものとも』とかも置きます。古い街中の本屋さんってたまに、オシャレでもなんでもない実用的な文具や、何年も前の古いプリキュアの塗り絵とか、エロ本がたくさん置いてあったりするじゃないですか。そういう店が生き残るかは別にしても、必要とするお客さんがいるなら、エロ本だってこっそり置いて、こっそり売りますよ。それが個人店の仕事だと思います」

これから本屋を始める人たちへ

「続けていく仕組みをちゃんと考えた方がいいと思います。そうすると自ずと、どういう形態でやるのが自分にとって健康的かっていうのがわかってくる。イベントに出展する、店舗を借りて、家を改装して、どこをスタートにすればいいのか、続けられなくなったら辛くなるので、まずは楽しく続けられる範囲を見つめて、コツコツやっていくのがいいと思います。

　今はようやく、本屋をやりたい人が本とかネットで調べれば、必要最低限の情報は手に入るようになってきたと思います。

　本屋を続けるには、後は街の人の協力とかが必要なんじゃないかな。物件との良い出会いがないと始めるのは難しいだろうし、良い友達とか応援してくれる地元のお店とか、一緒にやってくれる仲間とかそういう人も大切になってくる。本屋に限らず色々な業種の人と気軽に挨拶し合える関係を作ることが大事なんじゃないかなと思います」

[Shop Information]

店名	H.A.Bookstore
店主	松井祐輔（まつい　ゆうすけ）
住所	東京都台東区蔵前4-20-10宮内ビル4F
最寄駅	蔵前
HP	https://www.habookstore.com/
営業時間	木金17-21時　土日12-18時
定休日	月曜～水曜、第三日曜 （イベント出店などの都合で変更あり）
店舗面積	約23平米
開店日	2015年11月22日
ジャンル	新刊
蔵書数	約2000冊

Column — 7
Keisuke Tanaka

紙魚

田中佳祐

魚が水中でしか呼吸できないように、文学作品に囲まれている状態でしか呼吸できない人々がいる。そういう人たちは、空想の世界から出ると死ぬ。

実際には死なないかもしれないが、現実と空想を曖昧にする生活を失ってしまう。死者が復活しないのと同じで、その生活は一度失うとなかなか取り戻すことは難しい。

僕は本屋で読書会をすることで、なんとか生きている。

ある本屋の店長と一緒に主催していて、二人でとにかく読みたい本をピックアップし、それを読んできて感想を話し合う企画を百回以上行った。

物好きな人はいるもので、どんな本を選んでも参加者が来てくれて二時間くらい話をする。批評でもない、なんでもない、だけどこの本を読んだ人にしか分からないようなことをしゃべる。時には、本にぜんぜん関係ないゲームの話とか美術の話とかもする。人生の話なんかどうでもよくて、作品のことばかり語った。

読書会が終わると次に読みたい本が出てきて、何冊も買ってしまって、家がすこしだけ狭くなって、妻に怒られて、また本屋に本の話をしに行く。

本屋は本を買う空間でもなく、本を読む空間でもなく、本の話をする空間なのかもしれない。

ところで、僕と店長はゾンビだ。僕の日常はくだらない仕事にあふれていて、彼は兼業本屋だから半分は本と関係のない生活を送っている。

さっきのたとえ話で考えると、片足は空想の外で、死後の世界に突っ込んでいるから、半分死んでいるリビングデッドといって差し支えない。物語への未練から逃れられない生き物として、本屋をノロノロと歩く。発声もおぼつかなくて、人間のように流暢に褒めたりはできないが自分なりの言葉で本について語る文学ゾンビだ。

そんな僕たちは妖怪人間ではないのだけど、はやく人間になりたいと思っている。頭からつま先までどっぷり本に浸かった人間。一生かかっても読み切れない本を前に、次々と読破する文学人間になりたい。

そう思う一方で、中途半端な生き物であることも気に入っている、不完全だからこそ物語との出会いの機会が必要で、次の一冊を発見するために本屋へ行かなくてはならない状況を楽しんでもいる、のかもしれない。

僕たちは文学ゾンビで、つまらない日常と本屋の間をさまよっている。

本屋さんのホームページ

竹田信弥

Column — 8
Shinya Takeda

海外にある本屋さんのサイトを見るのが好きだ。2003年、高校生の時にインターネット古書店を始めた。サイト作りの参考にしようと思い、いろんなオンライン古書店のサイトを観察していた時期がある。その時に初めて海外にある本屋さんのサイトの存在を知った。と言っても英語が読めないので、辞書で調べつつ、なんとなく眺めている程度だった。

昨今、インターネットの翻訳技術の向上のおかげで、英語で書かれたWEBページをほぼ全て日本語に置き換えた状態で見ることができるようになった。

2010年以降に開業した本屋さんのサイトは、概ねデザインも整っていて見やすいし、写真もかっこいいし、ブログや本の紹介などのコンテンツが充実している。一方、海外の本屋さんのサイトは読みづらいことも多いし、システム的にもそれほど新しいものじゃないこともある。にもかかわらず、とても魅力的なことが多い気がした。

どこに魅力を感じたか。あるアメリカ北部の本屋さんでは、お店の歴史が語られていたりする。「祖父が小さなリアカーで町を回っていたのが始まりで、父が今の土地に根を張り、今三代目がそれを大事に育てている」と言った具合にだ。また、その町の歴史が詳しく載っていたりすることもある。別の本屋さんでは、スタッフ紹介がやたら充実している。「ジョージは、アメリカ文学を一切読まない。物心ついた時から海外文学ばかり。朝卵を2つ食べるのが日課。最近孫ができたので休暇が増えた」とか「メアリーは小説家志望で土日はお店の前のカフェで執筆している（エージェントさんぜひお声かけを）。最近、庭にアジサイを植えたからか植物図鑑のコーナーが充実している」のように、店主だけでなくスタッフそれぞれの個性を出しており、そのお店に行って店員に話かけたい気持ちになる。これは余談だが「読むべき〇冊」や「読書スタンプラリー」のような企画もある。特に面白かったのは、一括でいくらか払うと、課題本を順番に渡されるというブッククラブ。これの肝は、課題本の読了を報告しないと次に何を読むのか分からないこと。ミステリーツアーのような楽しさがある。

そして、お店と顧客の信頼関係が見える。音声や動画などのメディアを取り入れているところも多い。店内で行われた朗読会の模様などを配信している。

書店は、昔のようにお店を開けていれば人が入ってくる状態ではない。サイトは、今の書店にとって、お客様を呼び込むもう一つの門の役割をしている。それは日本でも海外でも変わらないだろう。ついつい整ったものを良しとしてしまうが、多少の歪みは気にせずに、サイトに思いの丈を詰め込んでいくことも大事なのだ。そう、自分に言い聞かせている。

落合博
Hiroshi Ochiai

東京・田原町

Readin' Writin'

TAWARAMACHI BOOK STORE

「書く」を考える、Readin’ Writin’ TAWARAMACHI BOOK STORE

「中二階では職人さんが寝泊まりしていたそうです。元は材木倉庫だったので、天井が高いんです」。

浅草にほど近い田原町にあるReadin’ Writin’ TAWARAMACHI BOOK STORE（以下、リーディンライティン）は築約六十年の建物をリノベーションした本屋さんです。度々、撮影や取材で使われるほど店内は魅力的で、壁の格子を利用した本棚は、外国の大図書館のように天井まで高く続いています。

リーディンライティンでは新刊の本を販売するだけでなく、イベントや教室を企画したり、一部をレンタルスペースとして古本や作品を販売できるように貸し出したり、ビールやコーヒーを販売したりと様々な取り組みをプラスしています。通販サイトやブックイベントなど本を手に入れるための方法が多様化している今だからこそ、本を買うための場所としての本屋へちょっと違った価値を与えることも必要なのかもしれません。店主の落合博さんが、空間としての本屋さんの役割を語ってくれました。

他者を知るためのライティング講座

本屋を始める前から、落合さんは活字に慣れ親しんでいました。スポーツを中心とした新聞記者の経歴があるのです。読者としてではなく、書き手として活字と向き合う生活を送っていました。そんな落合さんが始めたリーディンライティンでは、文章を習うライティング教室も開講しています。

「今はマンツーマンで文章を教えています。テーマに沿った文章を四百字前後で書いてもらって、それを元にディスカッションしてリライトする形式です。

なんで、ライティングの教室をやっているのかというと、自分とは違う考えとか、意見をもっている人を尊重するようになってほしいからかな。自分とは異なる人たちの考え方があるんだっていうことを踏まえて表現すれば、そうそう喧嘩にならない。大概の人って自分の頭の中で文章を作ってしまって、広がりがないというか、はっきり言ってつまらない文章になっちゃ

う。基本的には誰も読んでくれないんだっていう前提のもと書かないといけないんです。家族が大事とか、環境対策しようとか誰でも言えることじゃなくて、その人にしか書けないことがきっとある。偶然の出会いから生まれる体験だったり、昔の思い出だったり、他人には語れない、自分にしかないものです。

そういう事実を集めて、自分の意見を相手に伝えられるように書きましょうと話しています。

人に会ってみたり、いろんなところに行ったり、取材をして、調べて、材料を集めて書くことが大事です。自分の頭の中で完結した文章はつまらない。でもそうやって書く人が多い気がする。みんながもっている、体験とか経験とかを自分の中だけで終わらせないで、色々な物をつけ足して広げると普遍性のある文章になります。

こんな風にして、文章教室で書き方の話をするんだけど、マンツーマンでやってるからいろんなことを聞いてます。ある意味、カウンセリングみたいなことをしているのかも。三十年以上書く仕事をしていたので本屋でここまでやる人はいないなと、書くことについてはキャリアがあるので、それを強みにして続けようと思ってます」

イベントのメリットとデメリット

特別な内装のリーディンライティンには、イベント会場としての依頼が来るそうです。ギャラリーとして作品展示やトイピアノの演奏会、演劇、短歌教室、落語会も開かれます。友人の結婚記念パーティーの会場にも選ばれました。

本屋にとっての「イベント」の意味と課題について落合さんは考えています。

「多かった月には二十回くらい、イベントをやっていました。それだけ開催してる割にお客さんが定着しなくて、家族で過ごす時間も減るし、疲れるし、何のためにやってるのかわかんなくなっちゃった。

イベントって本屋のドーピングだと思っています。ドーピングすると売上が伸びるけど、副作用がある。お店を始めた時はイベントのことは考えていませんでした。本と雑貨と文房具があり、ライティング教室をやってるというイメージだった。今後は、持続性のあるイベントを企画したいです。活版印刷の職人さんを呼んだり、落語会や短歌教室といった活動を定期的にやったり。

リピーターを作りたいんですよね、突発だとイベントに来てくれるだけで終わっちゃうんです。

〝書く〟ことに関するイベントは文章教室以外にもやっていて、新聞を作ろうを企画しました。数回の連続講座にしていて、取材の仕方や記事の作り方なんかをレクチャーしました。

基礎的な話をした後は、それぞれ自分の好きなテーマを立てて、それぞれA４表裏程度の新聞を作りました。広告スペースも入れたりして、まあ嘘の広告ですけど。印刷も新聞っぽくこだわる人がいたり、自分のイラストや写真を掲載したりと個性的な新聞ができたと思います。実際に取材して作る人もいて、寅さんファンの三十代女性がとても熱心な新聞を作っていました。これをキッカケに寅さん好きが集まる寅さんシンポジウムをやりたいと思っています。

一回完結ではない連続性のあるイベントは次の何かに繋がることがありますね」

佐賀で本屋のリーダーになる？

落合さんが本屋を始める当初の計画は「佐賀で古本屋をやる」というものでした。今のお店は新刊書店、場所もコンセプトも異なる形式に着地したのは家族を思ってのことです。

「仕事のために買い集めた本がたくさんあったこともあり、古本屋を始めようと思って、色々な個人書店へ話を聞きに行ったんです。和氣正幸さんが運営する本屋紹介ブログBOOKSHOP LOVERはとても役に立ちました。サイトで紹介されてる本屋の情報をプリントアウトして、何度も読んで足を運びました。２０１７年本屋始めます、という名刺を作って配り歩いていました。自分の名前を名乗って、自己紹介をするとみんな話を聞いてくれたんです。

福岡にあるブックスキューブリックの大井実さんに話を聞きに行った時に『本屋やるなら新刊だよ』と言われて、佐賀に本屋が少ないから新しいことを始めたらリーダーになれるだろうということも聞きました。

そこで新刊にテーマが変わり、カミさんの実家がある佐賀でやろうとしてました。デザイナーさんまで決めていたんです。新しい本屋を始めるために家族と相談もしていたんですが、佐賀には行けない状況になってしまい、急遽東京で物件探しをしました。

この空間を作ってくれたのは、新聞記者時代に知り合った、建築を教えている大学の先生です。ここはもともと、木材倉庫だったんですが、天井が高い構造や内壁を活かして作ってくれました。

本棚を作ってくれたのは本屋巡りで出会った水中書店さんなどの棚を手掛けている、フォレストピアさんです。可動式なところが気に入っています。動く棚にしたことで、イベントができるようになりました」

本のある「空間」としての本屋

本を売る場所としての本屋さんに様々な可能性を考える落合さんは、リーディンライティンの在り方を動的にとらえています。本屋が本を売る以外の可能性を探るように実験していました。

「この空間は色々な使い方があると思います。ジャズなどのコンサートをやってみたいし、映画の上映とかもやりたいですね。

人によっては店舗を借りるんじゃなくて、自宅を開放するでもいいし。できる範囲で専業でもいい、兼業でもいい。自分に合ったスタイルでやれば絶対に面白くなると思います。家に人を呼んだ時に、リビングの本棚を見て『面白いですね』と言ってもらったりする。自分では普通だと思っていることが、他人から見たら変わっていることかもしれない。その人のスタイルを表現しているってことは、人の頭の中を覗いてるようなものだから楽しいわけですよ。

本屋さんは、街の駄菓子屋みたいな感じでいいんじゃないかなと思っています。小さくてもいいから、街の駄菓子屋みたいに個人のやっている本屋が街のあちこちにあった方が街としても面白いと思うな。

リーディンライティンは二十一世紀のコーヒー・ハウスを目指したいですね。コーヒー・ハウスは十七、十八世紀のロンドンで繁栄しました。そこには政治家や実業家、詩人、小説家、ジャーナリストらたくさんの人が出入りしていて、様々な情報が集まっていたそうです。社交の場になっていたんですね。情報

WORKSHOP
FOR
WRITING
Readin' Writin'
TAWARAMACHI
BOOK STORE
here
英雄

OPEN
CINEMA TALK

をまとめた新聞も発行され、ジャーナリズムも生まれていきました。この店も人が集まって、いろんなものが生まれる場所にしたいです。

今、この空間を活かしきれていないと思っています。知り合いに棚をレンタルしてたりもするんですが、もっと借りてる人たちが定期的にお店に来て出会う仕掛けを作りたい。常にここでワークショップを行ったりとか近所の人が来てくれたりとか。人が集まる仕掛けを考えています」

これから本屋を始める人たちへ

「自分の店をもつ人たちから『お店をするといろんな人が来てくれるよ』と聞いていました。確かにその通りで、会社員時代とは比較にならないぐらいたくさんの名刺をもらったりして、店のレジに立っているだけで新しい人と出会うことができています。

お客さんと話す機会も多くて、本の話よりも雑談をしてますね。この前『恐竜時代』っていう組み立て絵本を買ってくれた人がいて、絶対に売れないと思っていた本だったので話しかけちゃいました。そうしたら『ずっと探してたんです』と言ってくれて。自分でもどこに置いたかわからない本を探し出して、買ってくれたのは嬉しかったですね。

お客さんと話すのは楽しみのひとつです。精神衛生にとても良い。おしゃべりしたくなかったら、ここに立ってないですよ。

僕自身は、あまり長時間労働したくないので何かを犠牲にしないと成り立たない本屋になるのは嫌です。ちゃんと家族との時間を取って、旅行に行ったりして、そういうことを大切にやっていきたい。

すごい立地の良い場所で家賃をたくさん払ってやっている本屋さんもあるけれど、ちゃんと続けていけるシステムになっていないと、どこかにしわ寄せが来てしまう。そういう業界っておかしいし、長続きもしないと思います。もっと余裕のある働き方ができないのかなと考えています」

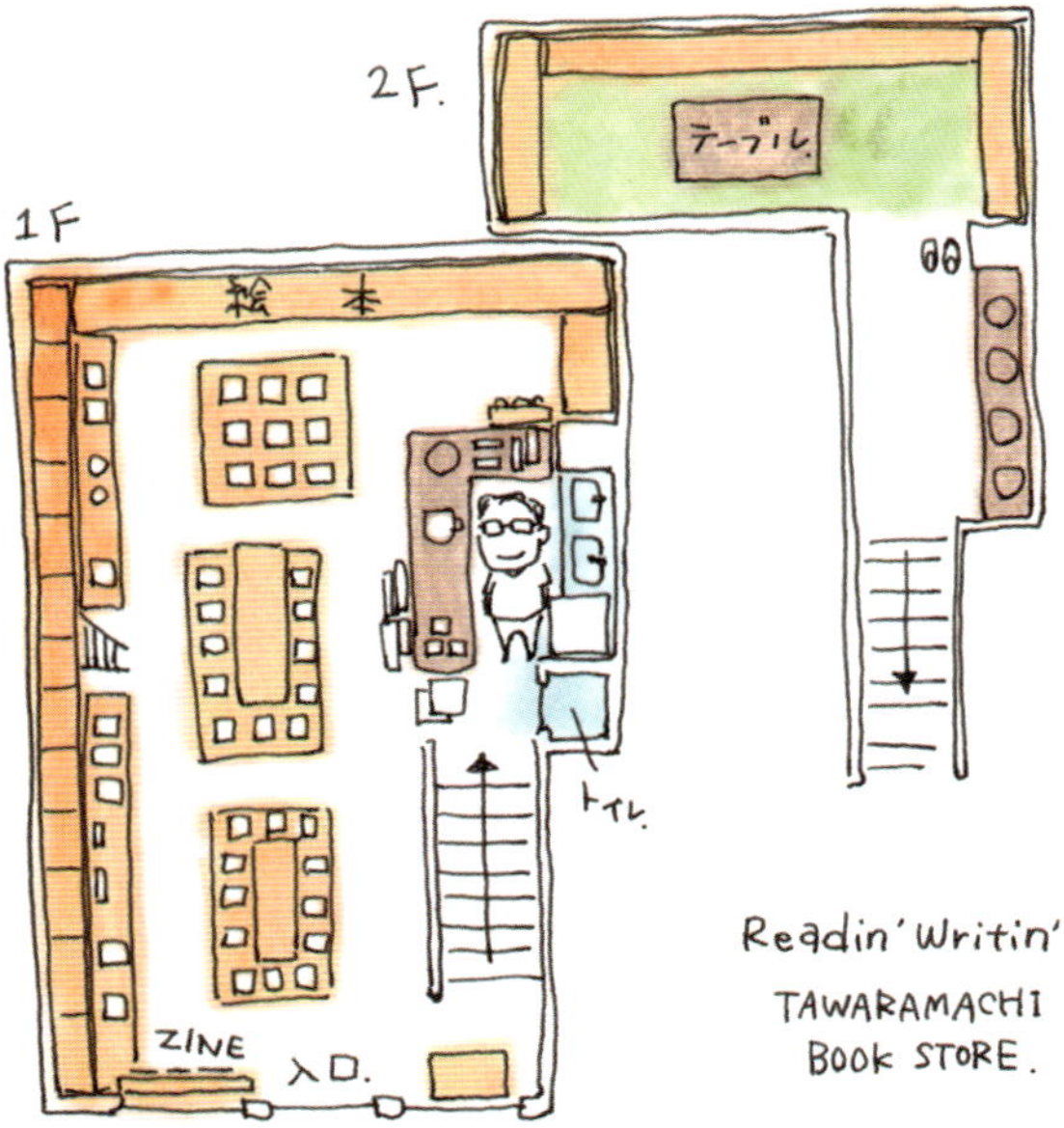

店名	Readin' Writin' TAWARAMACHI BOOK STORE
店主	落合博（おちあい　ひろし）
住所	東京都台東区寿2-4-7
最寄駅	田原町
HP	http://readinwritin.net
営業時間	12-18時
定休日	月曜
店舗面積	約60平米
開店日	2017年4月23日（サンジョルディの日）
ジャンル	新刊／ライティング／イベント／ ワークショップ／畳敷きの中二階／ リノベーション
蔵書数	約3500冊

東京・学芸大学

SUNNY BOY BOOKS

高橋和也

Kazuya Takahashi

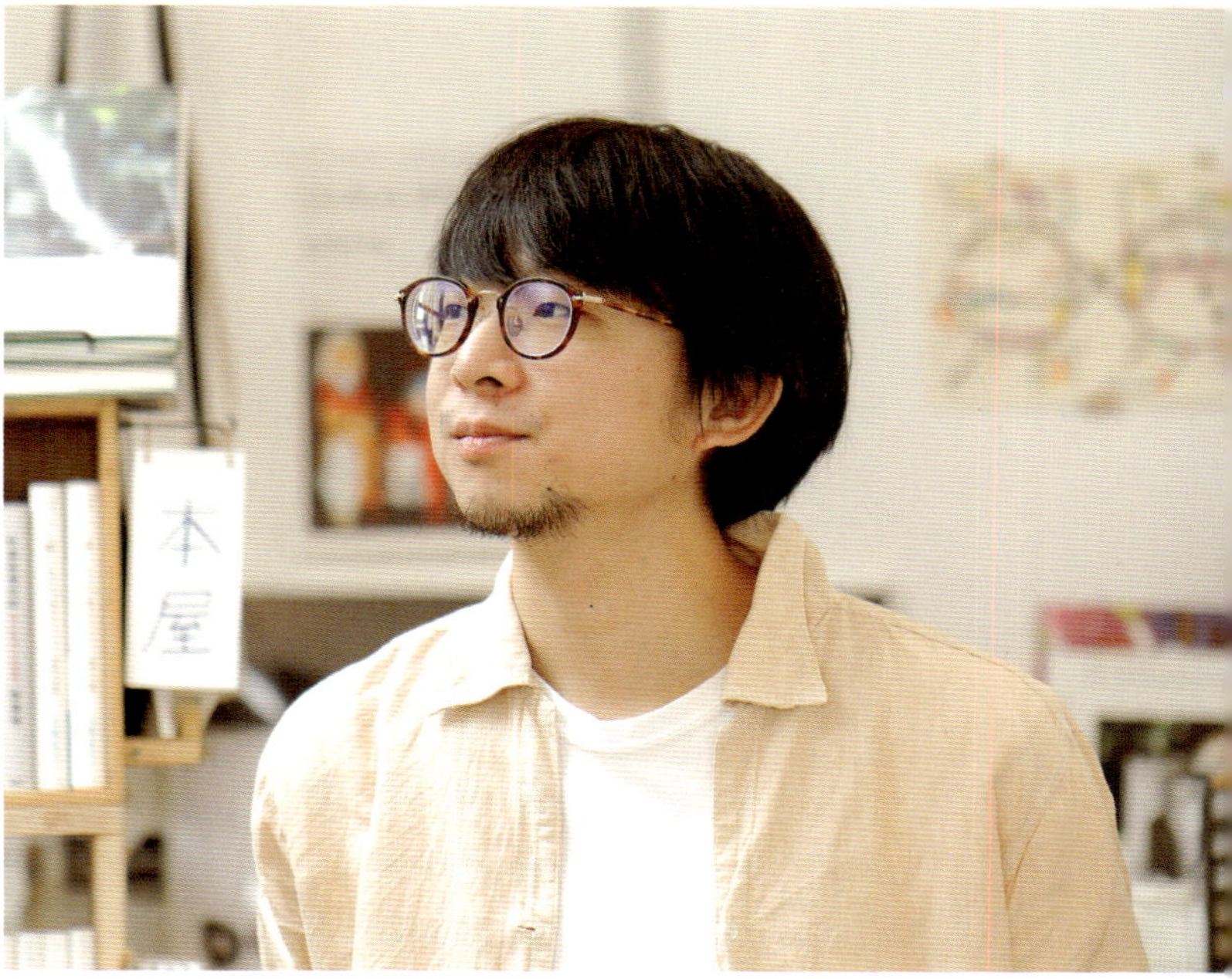

SUNNY
BOY
BOOKS
OPEN

偶然が作る、SUNNY BOY BOOKS

ジャック・ケルアックの『オン・ザ・ロード』はアメリカ大陸を横断する、アウトサイダーの青年たちを描いた小説です。主人公サル・パラダイスは、悪友のディーンに連れられてアメリカを貧乏旅行します。常識にとらわれた社会に対する反発心と自由を求める彼らの旅路は、希望と怠惰と破滅が入り混じります。

東京都学芸大学にある本屋SUNNY BOY BOOKS（以下、サニーボーイ）はアメリカでの九日間の本屋巡りからスタートしました。この短い旅をケルアックの作品に例えるには大げさに思われるかもしれませんが、何かを求めて旅を続け自由を楽しむ姿勢は決して『オン・ザ・ロード』に負けない物語性があります。

サニーボーイの小さな店内に入ると右手の壁には美術作品が展示されており、手前の棚にはアーティストが作った自費出版の書籍やアート系の本が。棚には海外文学や詩集なども充実しています。

店主の高橋和也さんは奥のレジに、お客さんから隠れるように座っています。穏やかな彼の語り口と対照的な、変化に満ちたこれまでの道のりを聞きました。

青山ブックセンターからアメリカへ

「大学二年までは、臨床心理士を目指してすごく勉強してました。ある日、なんか違うと思っちゃって、勉強に身が入らなくなりました。その時に結構時間をもて余してて、ひたすら暇なんで、でもお金がなかったので図書館に行くようになりました。そこで初めて本をちゃんと読んだ。何を読んでいいのかわからなくて、国語の授業で読んだ文学の復習をしてました。好きな作家とかあんまり覚えてないですね。『人間失格』は自分には響かないなっていうのは覚えてます。図書館で過ごす、無駄な時間が良かったです。

大学三年くらいの時に本屋に興味があるなと思って地元近くのリブロ松戸店にアルバイトで入って、ひたすら返品を作ってました。卒業するまでだから、一年半くらいですかね。その後に基礎は十分やっただろうと、棚を担当できるという青山ブックセンターでアルバイトを始めました。本店に最初入って半年ぐらいですぐに六本木店に移って、そこから三年半働きました。文庫の棚を担当させてもらって、本棚を作っていました。棚をいじる楽しみというか、自分で決める醍醐味を知れたことが、本屋さんをやりたいと思った理由だったかもしれません。

アルバイトは本屋だけじゃなくて、夜にハンバーガーを焼いてました。ハンバーガー屋のおっちゃんとのやり取りで、店をもつことへの憧れと、個人経営って面白そうだなって思うようになりました。

自分の店を始めるために、まずは他の本屋さんを見たいと思って一年間ひたすらアルバイトして貯めたお金で、2010年春にサンフランシスコに買い付けというか本屋さん巡りに行きました。

ハンバーガー屋のおっちゃんが結構調べてくれて『サンフランシスコの本屋さんいいんじゃない』みたいな、西海岸は面白いってうわさを聞いてたのでそこに決めました。一人で行けないから、誰か一緒に来てくれる人いないかなと探したら友達がシアトルに住んでて、その人が通訳をかって出てくれて、車も出してくれてずっと一緒にまわってくれました。本は良いものがあったら買おうと思っていたら、勢いで五十万円ぐらい買ってしまいました。英語は得意じゃなかったので、アート系とかデザイン系とかの本が中心ですね。その時は本屋を始めてたわけじゃないし、買ったからといって、どこで売ろう、どこでやろう、とかは考えてなかったなあ。

サンフランシスコの人から『何やってんの』って聞かれて、ブックショップをやりたいんですと言うと、『店の名前は?』って聞かれて、名前は特にないですっていう風に答えていた。何度も聞かれるから名前を考えようと思って、友達と小学生のらくがきみたいに適当に書いていって、SUNNY BOY BOOKSいいんじゃないのーって。今だと恥ずかしいですけど。サンフランシスコっぽいかなと思って、その時に直感で降ってきたんです。

一番印象に残ったのはThomas A. Goldwasser Rare Books、予約制のヴィンテージしか売ってないお店なんです。雑誌かなんかで知って、なかなか見つからなくて行く先々の本屋さんで聞くんですけど、知らんて。親切な方がわざわざ調べてそのお店に電話してくれて、『日本から来たのに帰すのか!』みたいなことを言ってくれ、最終的には今すぐ来たらいいよとなって、走って行きなさいと送り出してくれました。場所はApple Storeの有名店があるような繁華街で、お店は銀行の上にありました。階段の入り口にでっか

kandinsky
SUNNY BOY BOOKS
12:00
CLOSE
21:00
WELCOME!
Raffaello
Simple Wooden Toymaking
HARAOKA Tomomi
EXHIBITION
"DAILY"
9月8(土)
9月20(木)
OPEN

い警備員が立っていて『どこ行くんですか』って聞かれたから『予約してます』って言ったらどうぞって。レッドカーペットですよ！　店のドアはめちゃくちゃぶ厚くて、中から白髪のおじいさんが出てきて『待ってたよ』と。予約の一組しか入れないから、僕ら二人しかいないんです。そこではリチャードハミルトンなどの図録を数冊買いました。サンフランシスコのこと、結構鮮明に覚えてます、また行きたいですね」

シェアする本屋

高橋さんはアメリカで仕入れた大量の本を抱え、再びアルバイト生活へ戻っていきました。

ハンバーガー屋で働いている時、お客さんがシェアアトリエを借りると聞きます。高橋さんも参加することになり、ついにサニーボーイが始まります。週に二日だけ開店する本屋として二年間、ビルの二階で看板も出さずに、ひっそりと営業していました。

シェアアトリエでの活動を終えた後、高橋さんに清澄白河のしまぶっくから声がかかります。店舗改装のために借りた仮店舗に、本を出さないかと誘われたのです。

「しまぶっくの渡辺さんはもともと、青山ブックセンターにいたんですよ。

やっぱ凄い人で、店作りを見れて良かった。当時、渡辺さんは古書組合に入っていなくて、せどりだけでここまでの棚を作れるのかと。自分も組合に入ってないので、まだまだ僕でもいけるなっていう気持ちになりました。一緒に仕入れに行ったりとかしていました。ブックオフとか神保町とか古書会館とか。

古本屋は買取で良いものが入れば、せどりしなくても良いんですよ。せどりは、あまり売れないけど、店の引きになるような物を選ぶこともあります。こういうのがあるんだったら次に行った時に、また良いものがあるかなって思ってもらえるような。

それで仮店舗の期間が終わり『じゃあお疲れした』ってなったんですけど。また在庫増えちゃってるんで、家に持って帰ったら親に怒られるなと思って物件を探しました」

もうおしまい、かもしれない……

「このお店は2013年の六月に始めました。最初はね、すごいワクワクしてましたけど一ヶ月目で売上が本当にやばかったんで、もう終わりだな、もう閉店だなと思いました。本が全く売れなくて、お客さんも来なくて、見切り発車というかこうやって終わっていくんだな、一瞬だけだったな、打ち上げ花火みたいだなと思って。始める時にお金は公庫に借りていて、それがなかったら本当に続けられなかったですね」

開店早々にピンチを迎えたサニーボーイは、作品展示を行うことで再生に向かいます。

青山ブックセンター時代に出会った出版社のミシマ社から近況を聞かれた高橋さんは、現状を伝えます。

「ミシマ社さんに『最近どうですか』って聞かれて、もう終わるかもしれないと伝えたら『じゃあ展示をやってみましょうか』と言ってくれました。絵本『はやくはやくっていわないで』の原画展をやると、人が来て本も買ってくれて、ちょっと希望が。自分が動かないと届かないっていうか、ただシャッター開けて待っているだけじゃ厳しいんだなっていうのがよくわかって、SNSとかで発信していくことから始めようと思いました。不定期ですけど展示もそこからやるようになって、来てくれた作家さんが紹介してくれて、どんどん繋がっていって、少しずつ展示が回転してきた。この店を知ってくれて、お客さんが来てくれて売上が立つようになっていきました」

虚構の世界を生きる

サニーボーイは、時に展示を行ったアーティストと協力して本を作っています。数々のアーティストと展示を行ってきたSUNNY BOY BOOKSにとって、出版物を出すことは、全く計画にはなく偶然の出会いから生まれた代物です。

銅版画家タダジュンさんと高橋さんの合作は、嘘と本当の境目を行き来する作品となりました。

「サムさんっていう風変わりなおじさんが、自分が好きな本に敬意と愛を込めて自分の作った表紙をつけていました。そのおじさんが死んじゃった後、売られ

ちゃったり盗まれたりして今ではコレクションアイテムになっている、という設定をタダさんと僕で考えて、サニーボーイで本を作り、展示を行いました。

年表などは僕が作りました。架空と現実が一緒になるようにしたんです。サムが生きた同時代に起きていること、例えばアーツアンドクラフト運動とか現実に起きていることを入れたりしました。彼が装画をつくった愛すべき実在の作家たちの人生も織り交ぜつつ、サムがいるように見せかけています。

この本には、サムのコレクターからのテキストが収録されてます。二十人のサムのコレクターに書いてもらってるんですけど、実在の翻訳者さんとかライターさんの文章が十人分で、残りの十人はこの世界の文字じゃない創作文字になってます。別次元にもサムのコレクターがいて、僕がこの作品集を作るにあたりその人達に何とかコンタクトを取った、という架空の設定で作りました」

これから本屋を始める人たちへ

「ミシマ社さんが協力してくれたあの展示がなければ、

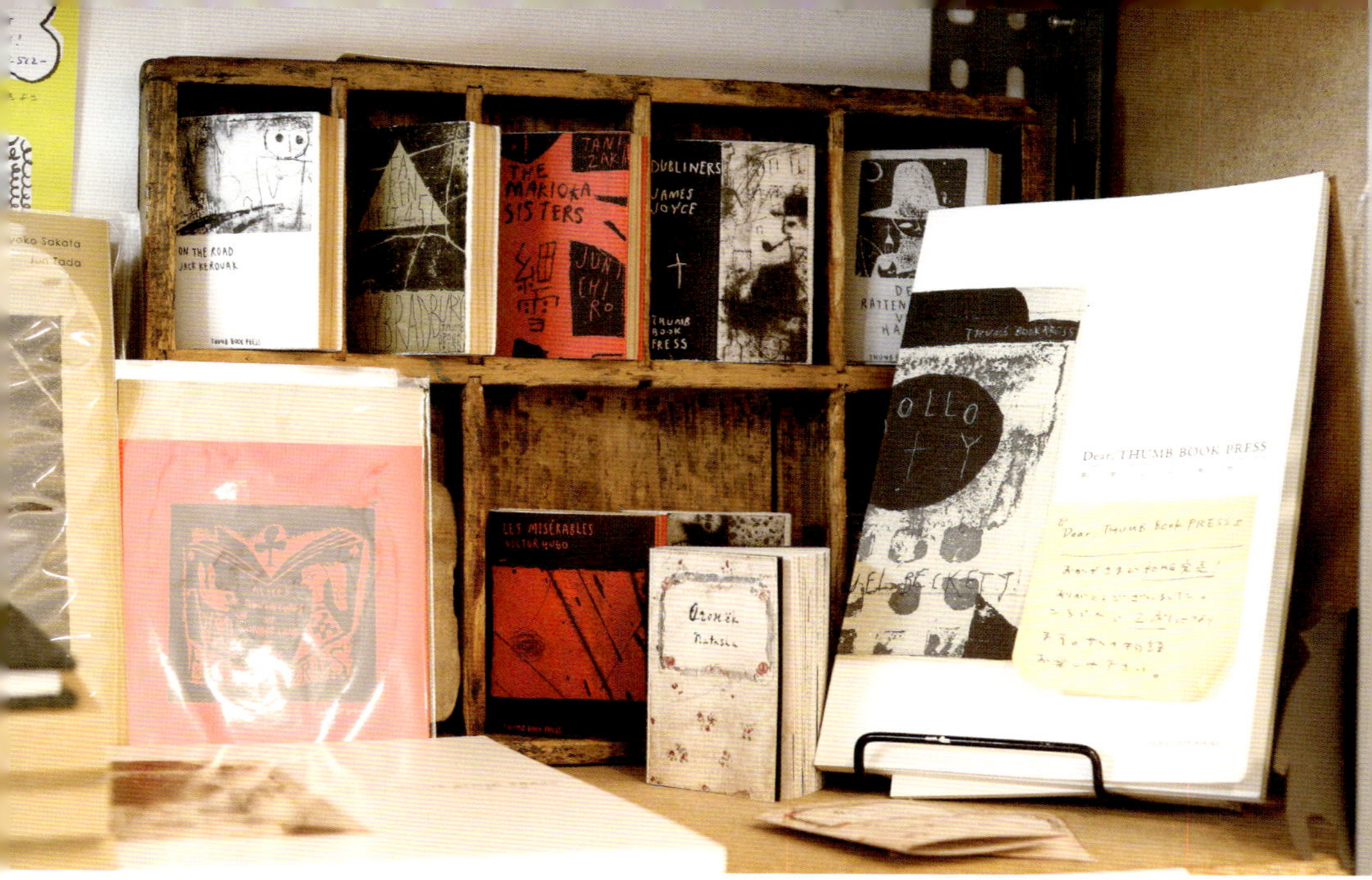

もうこのお店はなかったかもしれない。個人店なんて偶然で続いていくっていう感じじゃないですか。
何で乗り越えたのかわかんないみたいなのが結構あるわけで、やってみないとわからない。これをやったら自分がハッピーになりそうなのか、それがわかってるんだったらやったらいいんじゃないかな。
僕はあんまり、アドバイスを求めたりとかしなかったんです。やります！ っていう感じ。『やめとけば』って言う人もいたけど『やります！ なんで止めるの？』って。それぐらいの勢いで来いっていう感じです。
むしろ、今三十二歳になって勢いも落ちてきてもう後戻りできないなと思います。将来、どこまでこんなに自由にやっていけるのかと考えることもあります」

[Shop Information]

店名	SUNNY BOY BOOKS
店主	高橋和也（たかはし　かずや）
住所	東京都目黒区鷹番2-14-15
最寄駅	学芸大学
HP	http://www.sunnyboybooks.jp
営業時間	12-20時
定休日	金曜
店舗面積	約16.5平米
開店日	2013年6月2日
ジャンル	本屋
蔵書数	約4000冊

第二章

本屋の始め方

本屋を始めたい人のためのQ&A

Q　本屋さんになるために修行が必要ですか。

A　一般的に考えて、業界を知るために、自分が独立したい業種での経験は積んだほうが良いと言えます。特に、古書の場合は経験が重要です。

新しい本（以下、新刊という）をメインに扱うか、古書をメインで扱うかによって変わります。

古書店の場合、値付けという行為が大事になります。顧客から買い取った本に買取価格を提示し、商品としての値付けをします。値段をつけるには、その書籍の相場や自店での回転率などを把握しておかないといけません。これらは一朝一夕でできるものではなく、知識や経験が不可欠です。独立する前に、古書店で働くなどすれば身につくはず。一方で、最近では古書店経験のない人が古書店を始めるケースも増えています。それらの人は、開業した後、トライアンドエラーを繰り返して経験を積んだと言います。また、インターネットで相場を調べ、値付けをすると言う人もいます（もちろん、インターネットの相場と実際の相場が違う場合も多々あります。日々学んでいくしかないでしょう）。

次に、新刊の書店を開く場合、基本的には

再販制度（再販売価格維持制度＝出版社が書籍の定価を決定する制度。勝手に値引きや値上げができません）など特殊な制度があるため、書店が独自で値付けをする必要はありません。棚づくり（並べ方）や業界の仕組みを知るために、新刊書店で働くのはありです。

もちろん、どちらにせよ修行（経験を積むこと）をしたほうが、業界の勝手などがわかり業務がスムーズにいくことが多いと思います。しかし、業界の常識に染まってしまい、せっかく自分のお店を持ち自由の身のはずなのに、身動きが取れなくなると言うこともありえます。未経験を強みに、業界に新しい価値や仕組みを持ち込むお店も増えています。

修行の代わりに、先に本屋を始めた経験者たちが出した書籍を読むのも有効でしょう。本書を含め、『これからの本屋』（北田博充、書肆汽水域）『本屋はじめました―新刊書店Title開業の記録』（辻山良雄、苦楽堂）『これからの本屋読本』（内沼晋太郎、ＮＨＫ出版）など、本屋開業の経緯を書いているものが出版されていますので、参照してみてください。

書籍と同様に、本屋を開業することを主眼に置いた講座・セミナーも増えています。大学などが社会人向けに行う講座や個人書店が開講しているもの、また、カフェやオフィスの一角を借りて行う「間借り本屋」の経験を共有する個人的なものまであります。自身が求めているレベル感を考慮して参加するといいでしょう。セミナーや講座などに参加するメリットは知識やスキルの獲得だけではありません。同じ目的で集まった仲間（同志）を得るということでも多いに役に立つでしょう。狭い業界で助け合う仲間がいることは非常に心強いと思います。そういう場所で、共同経営者を見つけたと言う人もいます。また、イベントに参加する講師やオブザーバーとの出会いも、本屋として生き抜いていくのに必要な財産と言えます。

Q　開業前の準備はどんなことが必要でしょうか。

A　計画書や予算（貯蓄）、場所の確保、在庫の調達、仕入れルート……必要な準備はたくさんあります。それらは別の回答にゆずるとして、簡単にできて意外と疎かになりがちなこと、告知の話をします。どんな素晴らしいお店のアイデアを思いついても、お店を知ってもらわなければ、顧客は来ません。広告・宣伝と聞くとハードルが高く思う人もいるかもしれません。しかし、今はインターネットのホームページやSNSなどを使えば非常に安価で多くの人にアピールが可能です（更新が面倒という場合は、自動化も簡単にできますので活用してみましょう）。

開店を決めたら、最低でも開店日（「来春予定」などでも良い）、営業時間や地図、連絡先が掲載されたホームページと各種のSNS、例えばツイッター、インスタグラム、フェイスブックなど立ち上げておきましょう。準備期間に自分が動けない時もそれらが宣伝してくれます。

中には、「本屋、開店準備中」というようなサイトを立ち上げ、自分の日々の準備活動を記録して発信していく人もいます。このメリットは非常に大きく、準備期間からお店や店主に興味のある人やファンがついてくれる可能性があります。その人たちが開店と同時に駆けつけてくれたり、手伝いを買って出てくれたりすることもあるようです。

インターネットのツールと同様に広告宣伝をしてくれるのが、名刺です。

名刺は、デザインやどんな情報を入れるかも重要です。例えば、いつ本屋を開く予定なのか、場所はどこか、コンセプトは何か。後々変更する可能性もあるとは思いますが、常に更新していけば良い、というくらいの気持ちで、作っていきましょう。

これも準備期間のなるべく早い時期に作成

して、調査や勉強で回った本屋の店主に渡したり、イベントなどで出会った人に配るようにしたりしましょう。『そうすることで、思いもしない情報が入ることがあるよ』と語ってくれた店主もいました。

Q　開業資金はいくらぐらい必要でしょうか。

A　最初に、コンセプトや計画を立てて自身のやりたいことにいくらかかるのか考えましょう。

やりたいことを全て書き出して、何がしたいのかをはっきりさせてから、初めて現実的な予算と擦り合わせてみましょう。

できること、できないことを見極めた上で、できないこともすぐに諦めずに、どうしたらできるのか、発想をスライドさせて現実化を目指すと良いでしょう。

最小限の予算で始めた例はいくらでもあります。例えば、持ち家などで始める場合は、物件取得費用は必要ありません。五十万円の貯金で始めて、半分を本の仕入れ費用に、残りで棚を買ったりレジを買ったり、備品に使う。足りない部分は、開店後の利益で少しずつ整えていきます。

別の例では、数千万円を用意し、物件を取得して、内装にも数百万円かけた店主もいます。

飲食や宿泊施設、その他にも兼業に必要な備品を揃えるとなると、それなりに出費がかさむことが考えられます。

本屋を始めるために、絶対に必要なものは本以外ありません（本もいらないかもしれません）。とはいえ、店舗であれば棚などは最低限揃えないといけないでしょう。

一方で、こだわりを持てば、いくらでも高くすることができます。無駄なものを買わないように、一度リスト化して、優先順位を冷静に精査すると良いでしょう。

忘れがちなのは、当面の維持費と自分の給

与のことです。開店当初は、認知度も低く、収入が安定しない場合が多いです。また、トラブルなどで急な出費がかさむことも考えられます。できることなら、自身の生活費と運営資金を合わせて半年から一年分の余裕があると、落ち着いてお店のことに取り組めるのではないかと思います。

Q　資金調達について知りたいです。

A　自己資金だけで賄えればいいですが、開業資金としては予算があっても、実際に開店した後の運営資金がない場合もあるでしょう。開店直後は現金があったほうが安心です。

一般的に、資金調達の方法として、公的資金、クラウドファンディングなどがあります。また、家族や知人にお願いすることもあるかもしれません。

助成金や日本政策金融公庫などを頼るのも一つの手かもしれません。店舗開店の地域にある信用金庫や商工会議所などに相談に行くと、無料で相談に乗ってくれます。

公庫は、一般のローンよりも、金利を抑えて借入れできます。また、法人でなくても受けることが可能です。少額で融資をしてもらい、しっかり返して、信頼をつけておくことで、将来大規模な投資（移転や増築）をする時に、まとまった金額を借りることもできるので大切です。

とは言え、無謀な投資は避けるべきです。不用意に融資を受ける必要もありません。身の丈に合った計画を立てましょう。

助成金制度も有効に活用したいところです。助成金は、設備投資などのコストの一部を国や都道府県が補填してくれる制度です。

銀行や公庫の融資よりも審査は厳しく、綿密な計画書や資料を申請時と事業完了時に提出を求められることが多いです。また、助成金の審査基準や倍率には地域差があります。こちらも商工会議所などに確認すれば色々教えてもらえるので、一度行ってみることをオススメします。

クラウドファンディングによる資金調達法もあります。クラウドファンディングとは、インターネットなどを活用し、不特定多数の人から、資金の提供や協力を募る方法です。

クラウドファンディングのサービスには流行りや廃りがあり、また、サービスの仕組みや法制度的にもまだまだ整備中なところがあります。なので、しっかりとサービス内容や手数料を調査して使うといいでしょう。先に取り組んでいる先輩店主に聞くのもありでしょう。

家族を頼る場合でも、身内とはいえお金のことなので揉め事も起こり得ます。しっかりと書面を作るなりしたほうが良いでしょう。友人知人も同様です。

Q　店舗物件の決め方はどうしたら良いですか。

A　予算と自分がやりたいお店にあった場所を探すのが大事です。

地域で考えるか、予算で考えるかという問題があります。物件との出会いは水物、運の要素が大きく、タイミングがあります。地道に時間をかけて探すか、期限を設けて決めてしまうか、自分に合った方法を探しましょう。

例えば、自宅の一部が空いているなら、そこを開放してできれば楽ですし、費用も抑えられます。一方で、住宅街で人通りが少なかったり、地区の制限によってはやりたい業態ができない場合もあります。

とにかく実際に行ってみることが大事です。出店したい地域が決まればその街の不動産屋に声をかけてみましょう。一つである必要はありません。担当者との相性もありますし、お店によって公開していない物件情報を持っている数が違ったりします。

出店希望の街に行って、駅前で何時間か観察したり、人通りや雰囲気を調べたりした店主もいます。

賃貸か、物件購入か、という悩みもあります。どちらにもメリット・デメリットがあります。

賃貸物件のメリットは、移転がしやすいということでしょうか。好きな場所で始めたのは良かったが、想定していた客数が来なかったり、雰囲気が違っていたりということはあり得ます。その場合、早い移転の決断は重要です。また、開店後うまく繁盛し、大きなお店にしたい場合なども移転しやすいほうが良いでしょう。小さく始めて、大きくしていくというのはお店として理想かもしれません。

物件を購入するメリットは、店舗が資産になることでしょう。最初に大きな費用は必要としますが、毎月の賃料を気にせずに長期的な目で物事を考える余裕が生まれます。場合によっては、物件を担保にお金を借りることも可能です。またお店を閉めた場合、残った店舗を他人へ貸し出したり、売ることができれば閉店に関する費用を賄うことができるかもしれません。

デメリットは、移転が気軽にできないことや、資産価値が暴落する可能性があることでしょうか。

賃貸や購入とは別のやり方で、知人の持っている空いた物件を丸々無料で借りたりイベントなどの収益を折半したりする方法もあります。

他にもミニマムな始め方として、知り合いのカフェやレストラン、美容室などの空きスペースで始めることも可能です。この場合は、その店舗のオーナーと交渉し、取り分や補充の方法などを決めます。注意するべきは、お金を扱うということです。友人知人との関係だからと気軽に始めてもいいのですが、しっかり事前に取り決めやルールを決めないとトラブルが起こった時に揉めたりする原因になります。具体的には、汚れた場合どうするか、破損や紛失した場合どのように保証するか、辞めるタイミングをどうするか、など、しっかりと事前に決めておきましょう。

Q　本屋さんに必要な資格や届け出などはありますか。

A　本屋を開くために直接必要な資格や届け出は特にありません。しかし、店舗を開店するためにいくつか注意することがあります（古本屋の場合は、古物商の許可が必要）。

物件を探す時の注意点は、その物件が事務所物件か店舗物件かをしっかり確認することです。事務所物件の場合は、不特定多数のお客様を招くことができません。会員限定のサロンのようなものは可能です。その分、家賃が安いなどのメリットがあります。

また、消防法の届け出をしないといけません。

住宅街で店舗を開業する場合は、特に自宅兼店舗などの場合、どんな立地でも、どんな規模でも認められるわけではなく、法律による規制などもあります（「第一種低層住居専用地域」では厳しい制限がありますので、契約の前に必ず確認しましょう）。

カフェなどを併設する場合や飲食をするスペースを作る場合は、飲食店免許（食品営業許可申請）が必要です。厳密には、持ち込みによる喫茶スペースにも必要です。詳細は、各地域の保健所等に確認してください。

また、お酒を販売するためには、その場で飲むか、持ち帰るかで必要な免許・許可・方法が変わります。その場で飲む場合は、飲食店免許で大丈夫ですが、持ち帰りを前提としている場合は、酒類販売免許が必要になります。こちらも詳細は、各地域の保健所または国税庁（http://www.nta.go.jp）等に確認してください。

Q　仕入れルートはどうやって確保すれば良いですか？

A　新刊と古書では全く違います。

新刊の場合は、取次と契約して仕入れるパターンと書籍を刊行している出版社や著者と直接やり取りするパターンなどがあります。前者は、取次との交渉で条件が色々変わります。一般的には、売上規模から販売予測をして、保証金を算出し、それを払うことで委託契約ができるようです。また、取次にも大手〜小規模まであります。規模によって契約の厳しさも変わってきます。

後者の直接取引では、その名の通りで取次を通さず仕入れをします。メリットとしては、仕入れの掛け率が改善されます。取次経由だと一般的には22％が利益です。商品によっては、それよりも低い利益のものも多々あります。一方で直接の場合は、平均して30％の利益を見込め、場合によっては40〜50％という商品もあります。ただし、出版社全てが直接取引に応じてくれるわけではありません。店舗側も、それぞれの契約で条件が異なって、別々のタイミングで精算を求められることになり、手間や振込手数料で意外と利益が出ていないこともあるようなので注意が必要です。

また、新刊は契約によっては、在庫の書籍を返品することが可能です（委託契約）。決められた期間内なら、返品が受け付けられると、仕入額が戻ってきます。各出版社、取次の条件によっては返品ができず、買切のみの商品もあります。その場合、委託契約に比べて安くなることもあります。

古書の場合は、買取とセドリ、古書市場から仕入れることになります。買取は、地域の人などから直接買い取る方法です。セドリは、他店の在庫を買って転売する方法です。古書市場は、地域の古書組合に入り、組合が開催している市場で買い付けてくる方法です。

選択肢が多く、自分に適した仕入れの方法を一人で考えて決めるのは難しいです。書店員や出版関係者の先輩に相談してみるのも良いでしょう。

Q　法人化は必要ですか? また、メリット・デメリットはありますか?

A　書店を開業するにあたり、個人事業主として始める方法と、法人化する方法があります。

前者の場合は、確定申告をすることで、納税ができます。また、申告方法によっては、簡単ですので、自分で全て申告することが可能でしょう。

後者の場合は、自分でできないこともないですが、なるべくなら会計士や税理士に依頼するほうが良いでしょう。また、彼らは適切な節税方法も知っていますので、無駄な税金を納める必要がなくなります。また知らぬ間に脱税していたということを回避することもできます。法人の場合は、個人に比べて厳しくチェックされる傾向にありますので、しっかりプロに見てもらう環境を整えておいたほうが良いでしょう。

メリット・デメリットの話ですが、一般的には法人化した場合、信用度が上がります。それによって商品や店舗などの契約で有利に働くことがあります。また、金融公庫などからの融資が受けやすくなることもあります。税金に対する考え方も違い、それは決算状況を見て個々での判断が必要でしょう。

最近では、個人で契約してくれる取次や出版社も増えています。助成金や融資も、法人じゃないからと無下にしたりはしない傾向にありますので、無理に法人にする必要はないかもしれません。

また、新しい形として、合同会社や一般社団法人、NPO法人など既存の法人化以外のやり方もあります。それぞれについて、報酬、税金や責任の区分、運営方法などにも影響しますので、専門家に相談することをオススメします。自分のやろうとしている／やっている本屋の形態に合った方法を選びましょう。

Q　在庫は何冊くらいあったら良いのでしょうか。

A　正直なところ、在庫数に絶対の指標はありません。

新刊書店は、出版社と直接契約したり、取次と買切で契約をするものをのぞいて、委託契約する場合は売上のシミュレーションを取次が立てて、その試算をもとに補償金などを決めることになっています。よって、取次がそれに応じた在庫数を教えてくれます。しかし、あくまでも取次による独自の試算なので、本当に売るのに必要な数字ではありません。

また、新刊の場合は、同じタイトルの本を何冊仕入れるか、ということも考えないといけないでしょう。

一応、目標売上から逆算する方法があります。月百万円の売上が必要と考えたとしましょう。一冊平均単価が五百円と仮定すると、二千冊販売しないといけません。そうなると、在庫が二千冊でいけるでしょうか。それぞれのお店の客数や客層、また店主の目利きの力によって変わってきます。一ヶ月の間に、商品が全て入れ替わるのであれば、二千冊で良いでしょうし、半分入れ替わるのであれば四千冊必要です。

このように、運営してみながら自店舗の日々の在庫の流れ、動きをみて調整していくのが良いでしょう。

一冊だけの本を売る本屋さんもあります。そういう意味では、在庫数にも個性が出るわけです。

Q　本屋さんに必要なものは何ですか。

収納　棚、本棚、在庫ストッカーなど。
現金管理　レジ（タブレット）、キャッシャー、金庫など。
什器　看板、机、傘立て、など。
消耗品　レジ袋、掃除道具、チラシ、など。
最低限、これくらい用意できれば支障はないかと思います。

Q　困った時、相談したい時にどうしたら良いでしょうか。

A　一番頼りになるのは先輩の書店主でしょう。聞くと大概のことは教えてくれるはずです。なので、一人くらいは気軽に聞ける業界の先輩と仲良くなっておいて損はありません。
また、法律や行政への申告の場合は、各分野に専門家がいます。一人で悩まずに、困った時にはなるべく早いうちに相談しましょう。

各種の許可の取得については行政書士や弁護士。決算や税金に関することなどは会計士、税理士。助成金や融資などは、銀行や商工会議所に相談すると良いでしょう。

商工会議所や市役所区役所は意外と敷居が低く、相談に乗ってくれます。こちらの場合は、相談するのに費用もかかりませんので、困ったら一度行ってみると良いと思います。

Q　どのようにお店を宣伝すれば良いでしょうか。

A　先にも言及した通り、インターネットのツールを使うことが一番安価で簡単です。
では、リアルではどうでしょうか。

まずは地元の人たちに知ってもらうことが非常に大事です。地道ではありますが、自身で地元のお店を歩き回り、チラシを置くということも有効なようです。この時、相手のチラシも貰うとその後の関係も良好になるでしょう。地域で商売をする場合は、ギブアンドテイクはとても大切になります。

また、駅にポスターやチラシを貼るもの有効です。ただ、こちらは、鉄道会社、地域、駅の規模などにもよりますが、他の方法よりも費用が多くかかります。もちろん、その分多くの反響があることが予想されます。開店や何周年など、何かこれはというタイミングに出すのがいいかもしれません。

安価でかつ効果があるけれど意外と知られていないのが、郵便局です。郵便局には、広告を貼ってくれるサービスがあります。簡単な審査で一ヶ月数千円で掲示可能です。チラシも同様です。特に古書店などは、買取のお知らせを置いている人も多いようです。コンビニなどにも可能ですが、こちらの場合は代理店経由となり労力の割には合わないと言う声もありました。

他に、新聞広告、折り込み広告があります。これは、最近の新聞離れの影響もあり、あまり評価が高くないですが、書店という業種に限ると効果は高いようです。チラシだけを撒くのに比べると、新聞への折り込み広告は費用を抑えられます。

どの方法も、一回で効果が出るものではありません。定期的に行うほうが効果が出やすいので、忍耐（貯蓄）が必要かもしれません。

街の人に知ってもらう方法として、電柱広告もあります。街の中心街、駅前から少し離れた場所の場合、お店までの道順がわかりづらいと言われてしまうことがあります。そんな時に、最寄駅と自店の間に電柱広告を置くと安心感につながります。意外と道ひとつ挟んだところの人に知られていないことも多く、近所の人への広告にもなるでしょう。

Q お金の管理はどうすれば良いでしょうか。

A 一般的には、レジを利用することになります。もちろん、絶対に用意する必要があるかといえば、そうではなく、電卓と金庫だけでも可能です。ただし、今レジスターは低価格なものが増えていて、売上管理なども簡単です。また、現在はスマートフォンやタブレットに対応したスマートレジが主流になりつつあります。タブレットなどの購入は、レジスターよりも高額ですが、すでに持っている場合は、それをそのままレジとして使えるので気軽です。しかし、従業員が複数名いる場合は、専用のタブレットが必要になるでしょう。スマートレジの場合は、インターネットにつなげることで、遠方から売上の管理ができます。また、商品登録なども簡単に行うことができ、バーコードリーダーとの接続も簡単で、スムーズな会計ができます。税制が変わるたびに、レジを変えることもないでしょう。

デメリットももちろんあります。ソフト側のバージョンアップなどで自分が持っている(使っていた)タブレットとの互換性がなくなり、新しくバージョンに合わせて新しいタブレットを買わなくてはいけなくなる可能性もあります。そうすると、レジを買い替えるよりも高くつくかもしれません。

Q 本以外も扱う本屋が増えていますが、どんなものが良いですか?

A 別業態との組み合わせは、今新しく本屋を作る際には欠かせないと言っても過言ではありません。

一番多いのは、飲食業でしょう。とは言え、組み合わせは無限大です。本屋+もう一つではなく、もう二つ、三つと組み合わせているお店も増えています。

計画している自店舗の雰囲気や客層、コンセプト、また自身の経験や長所も考えて、何が合うかを考えると良いと思います。

参考事例

・神保町ブックセンター (+カフェ、コ

ワーキングスペース）
・ブックアンドベッド（＋宿泊）
・B&B（＋イベント、お酒）
・緑の本棚（＋多肉植物の販売、カフェ）
・READAN DEAT（＋ TABLEWARE）

Q 違う仕事との掛け持ちでも可能ですか。

A 書店業だけで生計が立てられればそれに越したことはないですが、自身の置かれた状況を考えて優先順位をつけるのが良いでしょう。時給が良い、時間の融通がきく、地の利がいい、シフトが自分に合っているなど、色々な条件から自分に合った仕事を見つけましょう。

会社に正社員のまま雇ってもらいながら、掛け持ちでやっている人も多く、会社側に許可を得れば可能です。週五日は会社員として働き、週一、二日を書店員または書店主として過ごす掛け持ちの人は増えています。言うまでもないですが、ハードですので覚悟が必要です。

それでもメリットはあります。

一番は生活の安定です。書店業、特に新刊の本屋だけでやっていくのは、非常に難しいのが現状です。いつ来るかわからない顧客をまち、来たところで買っていかないことの方が多い、と多くの店主は言います。

お店内で別の仕事をするか、外で稼ぐか、自身のお店のコンセプトと折り合いをつけると良いでしょう。

店内でネコを飼っている書店は、ただの猫カフェにしたくなく、猫にとってなるべく良い環境にするために、自宅兼書店とするために中古の家を購入しました。そのローンの支払いがあるので、開店後も会社員を継続しています。また、別の店主は、本屋を残すために一冊も本が売れなくても生き残れるようにと掛け持ちし、衰退する書店業界以外から資金を稼ぐと言っていました。

Q　本に関するイベントに参加するメリットを教えてください。

A　出版関係者が企画するものだけでなく、町おこしの観点からローカルな本に関するイベントが増えています。

広告宣伝の項目でも言及しましたが、お店の存在を知ってもらうことが一番大事です。そう考えると、イベントにはなるべく出るようにしたほうが良いでしょう。『特に、開店一年間は、お店を知ってもらうためにも、呼ばれたイベントには必ず出ました』という店主が多かったです。数年経つと、無闇に出るよりも、少し状況を選んで出店するようになる傾向があります。

お客様がついてきた場合は、自店舗に注力するほうが良いでしょう。アルバイトやお手伝いが雇えるなら、代わってもらいたくさんのイベントに出続けるのも手です。

Q　店内でイベントを行いたいのですが、どう始めたら良いでしょうか。

本屋で開催するイベントは大きくわけて三つあります。

一つ目が、本に関係があり、著者をお呼びするもの。

二つ目に、本に関係があり、著者をお呼びしないもの。

三つ目に、本に関係ないイベント（この中に、講師を呼ぶものと、呼ばないもの二つが含まれている）。

一つずつ、事例を含めて紹介していきましょう。

「本に関係があり、著者をお呼びするもの（以下、著者イベント）」ですが、これは発売記念や発売何周年イベントとして行うことが多く、書店で行うもっとも一般的なイベントです。サイン会などもこのカテゴリーに入ります。

開催のきっかけは、お店側が、出版社や著者に依頼をする場合と、逆に先方からのオファーがある場合があります。開店間際に開店祝いの代わりにと既知の著者さんや近所の出版関係者が取り仕切ってくれるというケースもあるようです。

イベント内容を、いくつか挙げると、「著者が自著について語る」「著者と編集者が本について語る」「著者と書店員、書店主が聞き役になって本の話をきく」「著者自ら講師となってワークショップを行う」「著者も参加する読書会」などがあるでしょう。

海外では、作家による新作の朗読ツアー（サイン会）などもあります。音楽のツアーと同じように、いろんな街の書店を一定期間かけて巡ります。日本でもこれに似た取り組みを行う作家さんも増えています。

二つ目の「本に関係があり、著者をお呼びしない」イベントは、特定の本をテーマに読者で集まって話すことを中心にしたものです。読書会やビブリオバトルなどが代表的でしょう。

ビブリオバトルは、決められた持ち時間に本を紹介し、読みたくなった本に投票するイベントです。公式ルールがありますので、そちらを参照してください（http://www.bibliobattle.jp）

読書会は本を中心に対話を行うイベントです。形式は多種多様。課題本を一冊決めて、その本の感想を話し合うものもありますし、課題本は決めずに、テーマを決めてそれぞれ本を紹介し合うものもあります。人数にも制限はなく、大きいイベントですと百人集まる読書会があるそうです。少人数からでも始められるので、開店したばかりで著者イベントは集客に不安があるけど……と言う方は友人に声をかけて読書会から始めて、イベントの経験を積むという手もあります。

余談ですが、読書会に著者がこっそりと参加することもあるようです。

三つ目に、「本に関係ないイベント」も増えています。簡単なものだと、パーティーや飲み会を開いたり、飲食のコーディネータを呼んでのイベントを行ったり。または、アナログゲームや絵を描いたり歌を歌ったりライブをしたりと、本屋を知的スペースとして幅広い分野とコラボしている例があります。直接は本と関係なくても、何かしら関連のある本は存在するはずなので、イベントスペースとしても相性が良いのかもしれません。

Q　オリジナリティーを出すためには？

A　結論から言えば、自分のやりたいことをとことん突き詰めることが大事でしょう。

書籍、特に新刊の場合は、どの書店で購入しても、内容・価格と同じです。なので、商品で差別化をはかるのは難しいかもしれません（それでも、日々工夫をして棚を作っていけば、個性に気がついてくれる人もいます）。

結局のところ、本屋のオリジナリティーは店主のキャラクターによるところが大きいのではないでしょうか。

Q　参考になる本はありますか。

A　本書に登場した書店主たちに実際に参考にした本を聞いてみました。

「本ではありません。和氣正幸さんが運営しているサイトBOOKSHOP LOVERです。これを見て気になる個人経営の本屋さんを取材して回りました」（Readin' Writin'　落合）

『自分をいかして生きる』（西村佳哲、筑摩書房）でしょうか。生き方的な意味です」（H.A.Bookstore　松井）

『わたしの小さな古本屋』（田中美穂　筑摩書房）、蟲文庫さんの開業の経緯がスーベニアのそれに近いなと勝手に思っています。開業前に本書を読んで、自分の本屋人生をボンヤリと想像していました。

私は何か大きな目的や意志があって本屋を始めたわけではありません。以前から本には関わっていましたし、これからも関わっていきたい。できれば無茶はせず楽しい働き方でご飯を食べていきたいと考えた結論が小売で独立することでした」（書肆スーベニア　酒井）

「事業計画書の書き方の本（タイトルは忘れました）。唯一読んだビジネス書です」（SUNNY BOY BOOKS　高橋）

「『子どもの本屋、全力投球』（増田喜昭、晶文社）から、パイオニアの心意気を感じました。『HAB　本と流通』（エイチアンドエスカンパニー）で、業界の流通について基本的なところがわかりました。『これからの本屋』（北田博充、書肆汽水域）のいか文庫さんの「エア本屋」の発想には感服しました。どんな形でも本屋はできると感じ入って、勇気が湧きました。『パラレルキャリア』（ナカムラクニオ、晶文社）には、固定しがちな発想を、やわらかくするヒントがありました。自己肯定感を保つのに、この本に書かれていた言葉をお念仏のように唱えることがあります。『本屋、はじめました―新刊書店Title開業の記録』（辻山良雄、苦楽堂）は、事業計画の立て方など、具体的でなるほど！　と思いました。けれども、うちは、行き当たりばったり。計画など絵に描いた餅ですけどね」（えほんやなずな　藤田）

「『本の未来をつくる仕事／仕事の未来をつくる本』（内沼晋太郎、朝日新聞出版）に書いてあった、ありきたりのモチーフを、かけ算で少数派にする。という一文が当店の方向性を固めました」（Cat's Meow Books　安村）

なた文庫　中尾）

『本の逆襲』（内沼晋太郎、朝日出版社）」（ひ

社）」（せんぱくBookbase　絵ノ本）

『子どもの本屋、全力投球』（増田喜昭、晶文

『新世紀書店──自分でつくる本屋のカタチ』（北尾トロ・高野麻結子、ポット出版）を読んで、本屋で実験的な活動をしてもいいんだ、と自分がやるべきことが少し見えた気がしました」（双子のライオン堂　竹田）

Q　各店主が参考にしたお店は？

A　前の質問同様に、書店主へ聞いてみました。

「誠光社（京都）、ブックスキューブリック（福岡）、Title（東京）、水中書店（東京）、古本雲波（東京）など。仕入れ方法（買取か委託か）、内装、棚の構造（可動式）などを教えてもらいました。」（Readin' Writin'　落合）

「北書店（新潟）で、〝一人でこの規模をこのクオリティで回せるのか〟と、ぼくも出来るかも、というよりかは、一人で出来る本屋の上限、が突破された感じがあって、それ以降、本屋をやることについてのいろんな不安は薄れたような気がします。同じ人間なのだからいずれここまでできるかもしれない（希望）。今できるか、は置いておいて、ここまで行ければ、本屋で世界を幸せにできる、というような」（H.A.Bookstore　松井）

「双子のライオン堂（赤坂）とBOOKSHOP LOVERさんが企画した本屋入門を受講したことで、小売で独立しようと決めました」（書肆スーベニア　酒井）

「店名、立地は直観です。選書については働い

ていた青山ブックセンター六本木店（２０１８年閉店）での経験が参考になったと思います。その他いろいろ本屋さんは見て歩いていましたが、ずばりこのお店に影響を受けたというのはないと思います。色々なお店の良いなーと思ったところと自分でやれることの寄せ集めです」（SUNNY BOY BOOKS　高橋）

「双子のライオン堂（赤坂）。自作した箱の本棚を自由に組み変えて変化させるのを参考にしました」（えほんやなずな　藤田）

「開店業務にあたった亡父が他店で棚の寸法を測らせてもらったと言っていました。店名不明です」（敷島書房　一條）

「ながいひる（岡山市）。ビールを飲みながら座って本棚を見られる空間が大変参考になりました」（Cat's Meow Books　安村）

「〈根津メトロ文庫〉です。〝駅〟という共通点と、そこでの利用が本を借りる人の良心に任されているという緩やかなコミュニティが今も続けられているところ」（ひなた文庫 中尾）

「東京堂書店と山陽堂書店。どちらのお店も街になじんでいて、それでいてなお独自の視点を持ち、こびていない感じに、小さな頃から憧れていて、いまも参考にしてます」（双子のライオン堂　竹田）

本
営業中

ブックリスト

——あの商店街の、本屋の、小さな奥さんのお話。
高橋しん／白泉社

——オデオン通り アドリエンヌ・モニエの書店
アドリエンヌ・モニエ／河出書房新社

——ガケ書房の頃
山下賢二／夏葉社

——この星の忘れられない本屋の話
ヘンリー・ヒッチングズ(編)、浅尾敦則(訳)／ポプラ社

——コルシア書店の仲間たち
須賀敦子／文藝春秋

——これからの本屋
北田博充／書肆汽水域

——これからの本屋読本
内沼晋太郎／ＮＨＫ出版

――シェイクスピア・アンド・カンパニイ書店
シルヴィア・ビーチ／河出書房新社

――書店員タカクラの、本と本屋の日々。――……ときどき育児
高倉美恵／書肆侃侃房

――新世紀書店――自分でつくる本屋のカタチ
北尾トロ、高野麻結子／ポット出版

――スリップの技法
久禮亮太／苦楽堂

――日本の小さな本屋さん
和氣正幸／エクスナレッジ

――ハーレムの闘う本屋　ルイス・ミショーの生涯
ヴォーンダ・ミショー・ネルソン／あすなろ書房

――HAB　本と流通
編著　松井祐輔／エイチアンドエスカンパニー

――ブックビジネス2.0――ウェブ時代の新しい本の生態系
岡本真、仲俣暁生、津田大介、金正勲、他／実業之日本社

——ブックストア——ニューヨークで最も愛された書店
リンティルマン／晶文社

——古本屋になろう！
澄田喜広／青弓社

——ペナンブラ氏の24時間書店
ロビン・スローン／東京創元社

——ぼくはオンライン古本屋のおやじさん
北尾トロ／筑摩書房

——本の国の王様
リチャード・ブース、ルシア・スチュアート／創元社

——本屋になりたい：この島の本を売る
宇田智子／筑摩書房

——本屋、はじめました——新刊書店Titleの開業の記録
辻山良雄／苦楽堂

——本を贈る
久禮亮太、橋本亮二、三田修平、若松英輔、他／三輪舎

——まだまだ知らない 夢の本屋ガイド
花田菜々子、 北田博充、 綾女欣伸／朝日出版社

——もういちど、本屋へようこそ
編著 田口幹人／ＰＨＰ研究所

——モンテレッジォ 小さな村の旅する本屋の物語
内田洋子／方丈社

——夢の猫本屋ができるまで Cat's Meow Books
井上理津子、 安村正也／ホーム社

——善き書店員
木村俊介／ミシマ社

——離島の本屋
朴順梨／ころから

——ローカルブックストアである：福岡 ブックスキューブリック
大井実／晶文社

——わたしの小さな古本屋
田中美穂／筑摩書房

（五十音順）

「編集後記」

ここでは「終わりに」に代えて、著者と構成担当二人の対談をお送りします。

田中　この本は、竹田さんが企画を立ち上げて作ることになりました。

竹田　小さいながらも、新しい挑戦をしている店主の話が読めたりできればな、と思っていたんです。雑誌の特集では、ちらほらそういうお店が紹介されることはあるのですが、ちょっと物足りなくてもっと聞きたいと思っていました。

田中　竹田さんも本屋をやっていますよね。そこに、新しくお店を始めたいという相談者が訪れて、その人たちが実際に独自のコンセプトを持ってお店を開く姿を、僕も目の当たりにしていました。

竹田　「そういう事例を本にしたらよいじゃない」と常連さんによく言われていたんです。いつか形にできればと漠然と考えていたところに、雷鳥社の方と出会って、企画の話をしたら、一緒に作りましょう、ということになったのがきっかけですね。

田中　それが二〇一八年の春くらいでした。そこで竹田さんから『一緒に取材して本を作らないか』と声をかけてもらい、二つ返事で引き受けました。

竹田　まず紹介する本屋さんを決めるのが大変でしたね。

田中　本当は、候補が百店舗くらいありました。

竹田　確かに、これは誇張じゃなくて、H.A.Bさんとうちの店が共同で企画した「百書店」（全国の色々な本屋さんに声をかけて、年に一回くらいお祭り的な企画をするユニット）の皆さんを紹介したいね、というところからアイディアを出し合いました。でも、ただ紹介するだけだと、ガイドブックみたいで当初の思いと少しずれてしまうので……。

田中　結構悩みましたね。

竹田　毎晩オンライン会議を二人で重ねて、今回紹介した11の書店になんとか決まりました。

田中　僕が紹介する上で大切にしたのは、〈本屋＋何かのテーマ〉を持っているお店。目新しさだけじゃなくて、本を売るということにマッチしているところかな。

竹田　店主だけじゃなく、お店に訪れる人たちも含めた全体の雰囲気がよく出ているお店を紹介したいなと思ってました。

田中　書く上でも、店主の個性が伝わるように気をつけました。本屋にとって本棚も大事だけど、これからの本屋は店主のキャラクターがより重要になると思うんです。

竹田　もちろん、ここで取り上げられなかった本屋さんもたくさんあります。

田中　作っていく上で、第二弾の構想もできちゃいましたね。

田中　僕は、取材がとても楽しかったんです。店主の話を聞くのが面白いのはもちろんですが、移動中に二人で本の話をしながら本屋巡りができて、学生時代を思い出しました。

竹田　ずっと本の話をしてました。それもそうなんだけど、自分はいつも店を開けるか、アルバイトで忙しくて、落ち着いて本屋でゆっくり過ごすことができなかったから、取材ということでじっくり棚を見たり店主の話を聞いたりできて、勉強になりました。

田中　この本は、本屋になりたい人や本屋が好きな人へ向けた本ですが、今本屋さんをやっている人にとっても面白く読んでもらえる一冊になったと思います。

竹田　本屋好き以外にも届くといいなと。だって店主の話は自分の仕事や生活に置き換えて読めばいろんな人に通じるヒントがたくさんありますしね。

竹田　紆余曲折ありましたけど、よいタイトルになりましたよね。田中さんの出した案でしたっけ？

田中　親友のY君とやっていた読書会サークルの名前から「灯」という言葉をとってきました。

竹田　いい言葉ですね。そこからデザイナーさんがイメージを膨らませて、素敵な装丁にしてくれました。

田中　この本は、著者に僕の名前が入っていますが、本当にいろんな人に協力してもらって完成しました。11書店の店主をはじめ、すべての人にお礼を言いたいです。

竹田　完成したら全部の書店にお礼を言いに行きましょう。

著者紹介

田中佳祐（たなか　けいすけ）

本書執筆担当。
東京生まれ。ライター。たくさんの本を読むために、２０１３年から書店等で読書会を企画。
編集に『草獅子』『しししし 宮沢賢治特集』『しししし ドストエフスキー特集』（双子のライオン堂）
好きな作家は、ミゲル・デ・セルバンテス。

竹田信弥（たけだ　しんや）

本書構成担当。

東京生まれ。双子のライオン堂店主。文芸誌『しししし』発行人兼編集長。

共著に『これからの本屋』（書誌汽水域）、『まだまだ知らない 夢の本屋ガイド』（朝日出版社）など。

好きな作家は、Ｊ・Ｄ・サリンジャー。

松井祐輔（まつい　ゆうすけ）

愛知県生まれ。「人」と「本屋」のインタビュー誌『ＨＡＢ』編集発行人。H.A.Bookstore 店主。個人で本屋、出版、取次業務を行う。自社出版物に『ＨＡＢ 新潟』、『ＨＡＢ 本と流通』、『ずこうことばでかんがえる』（きだにやすのり）。取次本多数。本を売って生きている。

山本貴光（やまもと　たかみつ）

文筆家、ゲーム作家。

著書に『投壜通信』（本の雑誌社）、『「百学連環」を読む』（三省堂）、『文学問題(F+f)+』（幻戯書房）、『文体の科学』（新潮社）、『世界が変わるプログラム入門』（筑摩書房）。共著共訳に『脳がわかれば心がわかるか』（吉川浩満、太田出版）、『高校生のための ゲームで考える人工知能』（三宅陽一郎、筑摩書房）、ジョン・サール『MiND――心の哲学』（筑摩書房）、メアリー・セットガスト『先史学者プラトン 紀元前一万年―五千年の神話と考古学』（朝日出版社）など多数。

仲俣暁生（なかまた　あきお）

東京都生まれ。作家、編集者、「マガジン航」編集発行人。

著書に『失われた娯楽を求めて - 極西マンガ論 -』（駒草出版）、『再起動せよと雑誌はいう』（京阪神エルマガジン社）、『極西文学論』（晶文社）ほか、共著に『グラビア美少女の時代』（集英社新書）、『編集進化論』（フィルムアート社）など多数。

街灯りとしての本屋
11書店に聞く、お店のはじめ方・つづけ方

2019年7月31日　初版第1刷発行
2019年9月20日　第2刷発行

著者　田中佳祐
構成　竹田信弥
写真　金井恵蓮
挿絵　くれよんカンパニー
装丁　中村圭佑（ampersands）
編集　益田光

Special Thanks
ぽすさん、松永弾正さん、藤村忠さん、
妻、文化系トークラジオLife

発行者　安在美佐緒
発行所　雷鳥社
〒167-0043
東京都杉並区上荻2-4-12
TEL 03-5303-9766
FAX 03-5303-9567
HP http://www.raichosha.co.jp
E-mail info@raichosha.co.jp
郵便振替 00110-9-97086

印刷・製本 シナノ印刷株式会社

※本書の取材・撮影は2018年9月から2019年4月にかけて
おこなったものであり、各店舗のデータやレイアウトなどは
現在と異なる場合がございます。

ISBN 978-4-8441-3758-0 C0077